年収400万円の私にできる投資の正解を教えてください!

投資系YouTuber
たぱぞう

彩図社

わーーっ
カンパーイ！
やーー！
みんな久しぶり！
東資《とうし》 初美《はつみ》
30代OL
ほんとほんと！
集まるのいつぶりだっけ
冷やっこ
もずく
たこわさ
今日はとことん飲もーう！
おーーっ!!
ワイワイ
ワハハ…
のみ屋
さけ
――でさ
つみたてNISA始めたんだけどiDeCoも捨てがたくて～

えっそれって投資……？
わかる～！
うちは子どもの教育費を貯金にするか投資で貯めるか悩んでて……
それ！悩ましいね～！
あとさ～
…？
もしかして私
これと
あれと
お金のこと知らなすぎ……!?
プハァ
ワー
投資
お金が
資産が
ワー
ふーただいい…
ま!!
預金通帳
東資初美様
サッ
私も投資とか始めた方がいいのかな…
みんなやってるし
通帳
でも…

そもそも余裕ないし!!
年収400万だし
知識もない調べてもよくわからない…
こんな私に投資なんてできるの!?
誰か助けて!!
もしやあなた…
投資のことでお悩みでしょうか!?
ボ
ボンッ
通帳
だっ…誰!?
私はたぱぞう!投資のことなら私にお任せください!
いやいきなりそんな…
あれ?助けてって聞こえたから来たのですが…
!
言いました…
そう…!助けてほしいです!

あの……
私もそろそろ
投資を始めなきゃ
とは思うん
ですけど
貯金も
少ないし
怖くて手を
出しにくくて…
なるほど
投資が
どんなものか
わかっていないと
怖く感じるかも
しれませんね
投資
ヒイィ
実は…
「誰でもできて
ほったらかしでも
資産が増やせる
投資法」
があるんです！
そっそんな
方法が!?
私にも
できます
か!?
もちろん
です！
難しい言葉を
使わず
お話しして
いくので
一緒に
見ていき
ましょう！
はいっ!!

はじめに

はじめまして、たぱぞうと申します。

私は「たぱぞうの米国株投資」というブログや「たぱぞう投資大学」というYouTubeなどを通じて、自身の経験に基づき投資やお金にまつわることを中心に発信しています。

最近では、マネー誌だけではなく、ファッション誌やテレビのワイドショーなどでも「投資」に関する特集が組まれる機会が増えてきていますよね。

そのため、「つみたてＮＩＳＡ」「ｉＤｅＣｏ」「株主優待」「高配当株」……という言葉を目にする機会が増えているのではないでしょうか？

その背景には、ここ数年で誰もが投資をしやすい環境や、お得な制度が増えてきたこと、そして国を挙げて「貯蓄から投資へ」という取り組みが進められていることがあります。

ひと昔前に比べれば「投資」が身近なものになりつつありますので、冒頭に出てきた東資初美さんのように、久しぶりに会った友人との飲み会や、職場の仲間たちとのランチタイムなどで、思いがけず投資の話題が出てきて不安になり、「私もやらなきゃな……」と思っている方も多いことでしょう。

それでも勇気が出ないのは、「投資は怖いもの」「投資は難しいもの」というイメージが強いからだと思います。

でも、ご安心ください。**私が本書で紹介する投資法は、誰でもカンタンにできて、何よりも手間がかかりません**。

株価をこまめにチェックする必要はありませんし、日々チャートとにらめっこして売り買いをする必要もありません。むしろ、何もしないでほったらかしにしておく方が、将来大きく資産を増やすことができるのですから、まさに仕事や家事・育児などで忙しいみなさんにぴったりの方法だと言えます。

宝くじに当たることを狙うような、いわゆる一攫千金を目指すのではなく、コツコツと着実に資産形成をしていくことで将来への不安を無くしたいという方に最適な方法です。

例えば、毎月3万円を投資に回して年利5％で運用できた場合には、30年後には約2500万円になる計算です。毎月3万円を積み立てるのなら、十分に実現の可能性がありますよね。決して夢物語ではないのです。


「良い投資」を始めるためには、どうしたらいいのか？

「良い投資」をするためのお金は、どうやって用意すればいいのか？

「良い投資」を続けるためには、何に注意すればいいのか？


私自身の経験と、ブログなどを通じて多くの方々の相談に乗ってきた経験を踏まえつつ、投資にまったく触れたことがない方にも分かりやすく、米国株投資の始め方と続け方をお伝えしていきます。

ゼロから投資をスタートする初美さんと一緒に、投資の世界を探検してみましょう。本書を読み終わる頃には、「私にもできる」と思っていただけることでしょう。

さぁ、共に学びましょう！

年収400万円の
私にできる
投資の正解を
教えてください！

〈目次〉

1章 すべての人に投資が必要な理由

2章 「良い投資」の始め方

特定口座？
一般口座？
NISA？
iDeCo？
日本株？
米国株？

3章　投資に回すお金の考え方

4章　投資を始めた後の心構え

5章　さまざまな投資術との向き合い方

6章　ライフステージに応じた投資の考え方

※本書の内容は、2023年4月時点の情報に基づいています。
※本書の内容は著者個人の見解であり、情報の利用の結果として何らかの損害、および逸失利益が発生した場合でも、著者及び出版社は理由の如何を問わず、責任を負いません。投資対象及び商品の選択など、投資にかかわる最終決定はご自身の責任で判断してください。

「将来に備えるためには、預貯金だけではダメ。
投資もしないとね！」
こんな言葉を目にする機会が増えてきました。

本当に「投資」は必要なのでしょうか？
私たちは、何のために投資をするのでしょうか？
実際に「投資」をしたら、どのような未来が待っているのでしょうか？

実際に投資を始めた方々の体験談にも触れながら、紐解いていきましょう。

1章

すべての人に投資が必要な理由

「預貯金をしていれば絶対安全」とは言えない理由

「銀行にお金を預けておけば、お金が減ることはないから安心だ！」
「投資は、お金が減るかもしれないからハイリスクじゃないか！」
このように感じていらっしゃる方が、とても多いように思います。

確かに、銀行に１００万円を預けておけば、10年後も20年後も、１００万円を下回ることはありません。ところが、額面上は減らなかったとしても、資産が目減りしてしまう可能性があるのです。それは、モノの値段はずっと同じではないからです。

モノの値段が上がっていけば、同じものを手に入れるために必要なお金が増えてしまいます。これは、逆の見方をすれば、**お金の価値が下がってしまう**ということなのですね。

もし、毎年２％ずつ物価が上昇していけば、10年後のお金の「価値」は、今の約82万円と

モノの値段の変化

		1980年（昭和55年）	2000年（平成12年）	2020年（令和２年）
食パン	1kg	316円	422円	440円
牛肉（ロース）	100g	574円	734円	924円
カレーライス	外食１皿	401円	656円	714円
コーヒー	喫茶店１杯	247円	418円	512円
郵便はがき	通常郵便	20円	50円	63円

同じくらいまで下がってしまいます。

このように、お金の価値が下がることを、インフレ（インフレーション）といいます。逆に、お金の価値が上がることを、デフレ（デフレーション）といいます。

日本では、長らくデフレの状態が続いていましたが、諸外国の多くは物価が上がり続けるインフレの傾向にあります。

景気が良くなれば、その分「モノ」に対する需要が増えて、モノの値段が上がっていきます。つまり、良い形で「インフレ」が進んでいくということです。基本的には、**経済が発展していけばお金の価値は下がっていくという関係性**になっています。一時的にデフレの時期があったとしても、長期的に見れば、インフレ傾向になると考えておくのが妥当でしょう。

日米欧の消費者物価の推移

（引用：第一生命経済研究所 web）

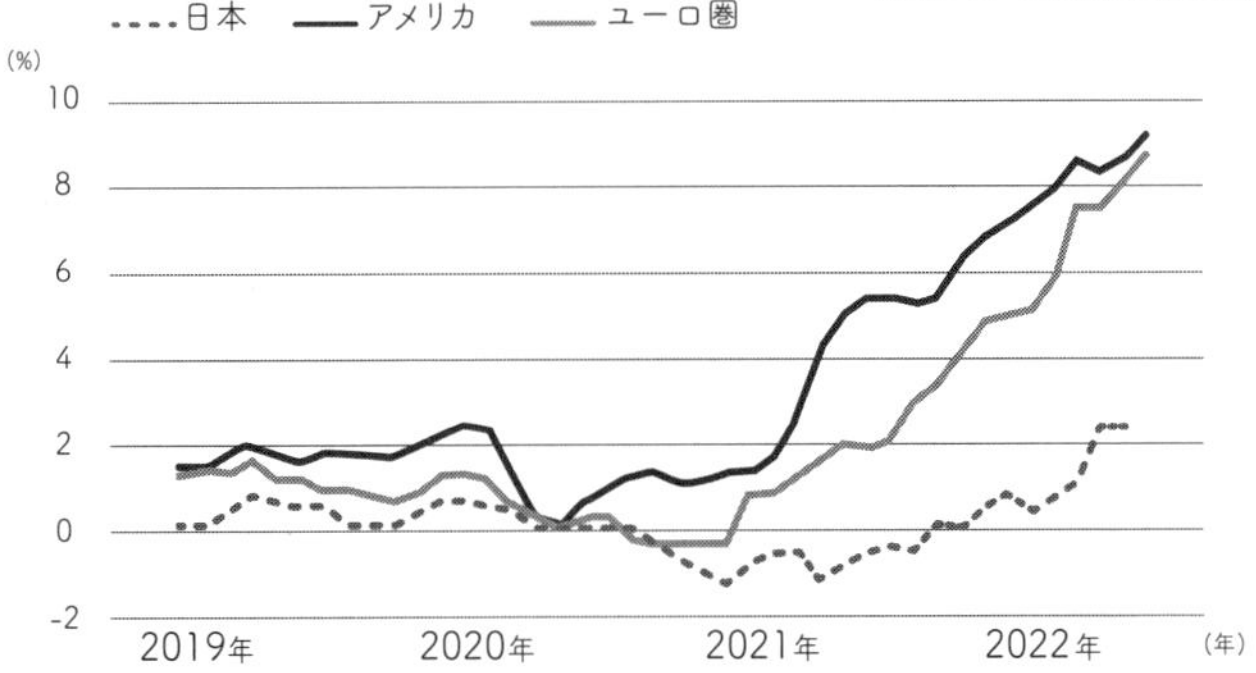

そのため、今の１００万円を何もせず１００万円で持ち続けてしまうと、お金の価値を減らすことになってしまいます。つまり、**物価上昇率より増やしてはじめて「資産が増えた」といえる**のです。

預貯金で資産が増える時代は終わった

今から約30年前、いわゆるバブル期の話になりますが、１９９０年代初頭の1年定期預金の金利は、年率６％程度でした。

ところが、現在の定期預金の金利は、メガバンクで０・００２％、ネットバンクで高金利のキャンペーンなどを探しても０・２～０・３％というところですから、当時とは全く状況が違います。

利率を聞いただけでは、具体的に違いをイメージすることは難しいと思います。分かりやすくするために「72の法則」を使って比較してみましょう。

72÷金利（％）＝預けたお金が2倍になるまでにかかる年数

ネットバンクで高金利の定期預金を探して、０・２％で運用した場合、72÷０・２（％）＝３６０年となります（注：税金は考慮しません）。

定期預金で、どれだけがんばって条件が良いものを探しても、孫の世代でも2倍にはならないという、悲しい現実が見えてきます。

一方で、バブル期のように年率６％の時代でしたら、12年で倍になります。こうした経験をしていれば、年齢が高い方ほど預貯金神話が強くなるのもうなずけますよね。

定期預金で着実に貯蓄をしておけば、しっかりお金が増えていた時代の常識と、今の常識は違うということです。このことを頭に入れておかないと、上の世代の方々のアドバイスに惑わされてしまう可能性がありますので注意しましょう。

「貯蓄型保険」は本当に安全で高利回りなのか？

預貯金と並んで、人気が高いのが貯蓄型保険です。いざという時の備えにもなって、お金も増えるのですから、一石二鳥でお得な気がしてしまいますね。

保険では、「返戻率○○％」という表現が使われます。これは支払った保険料総額に対して、将来に受け取る金額の割合のことを指します。返戻率が１１０％の保険商品であれば、掛金１００万円を支払ったら、将来１１０万円受け取ることができます。

「10％も増えるなんて、とてもお得だ」と思うかもしれませんが、ここには**時間**という要素が欠けています。「何年かけて10％増えたのか？」という点が預貯金と投資を比較するうえで重要なポイントになります。

預金や株式投資などでは、年率のリターンが使われています。正しく比較するためには、同じ条件になるように、保険のリターンを「年率で見ると何％なのか？」に変換しないといけません。

30歳から60歳まで掛金を支払い、30年後の返戻率が１１０％という場合は、年率に換算すると0・33％となります。実は、定期預金とそれほど大きな差は無いのですね。

さらに、保険の場合には、早い時期に解約をしてしまうと元本割れをするリスクがあります。保険料を支払った期間が短いと「解約控除」という手数料が差し引かれてしまうからです。契約内容によって異なりますが、一般的には、10年以上保険料を払い込まないと、元本割れをしてしまうことが多いです。

年率でみると利回りがそれほど高くないうえに、10年未満なら解約をすると損をしてしまう……なんていう話を聞いたら、あまりメリットを感じなくなるのではないでしょうか。

保険は、あくまでも万が一の時に備えるためのものです。貯蓄や資産形成とは切り離して、必要な分だけ加入するのが良いでしょう。

↓保険について詳しくは226ページへ

こうした背景から、**「良い投資」を資産形成に取り入れて、「貯蓄」と「投資」の両輪で資産形成をしていくことが大事**なのです。つまり、投資はこれからの時代を生きていく上で必要不可欠な、人生の「必修科目」なのだと心得ておきましょう。

投資は未来を作る力になる
――「プラスサムゲーム」に参加しよう

「投資」というものに対してネガティブイメージが強いのは、さまざまな手法が玉石混交となっていて、時には詐欺に近いようなものまで含まれてしまっている影響が大きいです。そのため、言葉のイメージだけに惑わされずに、本質を理解して自分にあった「良い投資」を選んでいくことが大事です。

良い投資をしたいなら「プラスサムゲーム」が近道となる

せっかく投資をするのであれば、再現性が高く、誰もが儲かるような投資をしたいですよね。そんなに都合のいいものがあるのか……と思うかもしれませんが、「プラスサムゲーム」と呼ばれるゲーム（投資手法）に参加をすれば、これを実現することが可能となります。プ

ラスサムゲームとは、**参加者全員の取り分の合計がプラスになるゲーム**のことです。

1つ事例を挙げてみましょう。投資家は、ある株式に投資します。企業は、その資金を元手にしてビジネスを拡大します。その結果、業績が上がり、株式の価値（＝株価）が上がります。企業は、利益の一部を投資家へ配当として還元します。このようなサイクルが生まれた場合、

・企業は、ビジネスを拡大できて儲かる
・投資家は、株価が上がって儲かり、配当金をもらって儲かる

このように、登場人物に損をした人はおらず、全員がプラスになっています。つまり、成長する企業や成長する市場にお金を投じることができれば、私たちもプラスサムゲームに参加することができるということです。

ただし、株式投資さえしていれば、必ずプラスサムゲームになるわけではありません。衰退する企業や衰退する市場に対して投資をしたり、やみくもに売買を繰り返すと、株価が下がったり、売買手数料ばかりがかかってしまいますので、マイナスになってしまいます。

プラスサムゲームに参加するために、見るべきポイントが3つあります。

①投資すべき市場（国）　②投資すべき時期　③投資すべき対象

みんなが儲かる「プラスサムゲーム」とは？

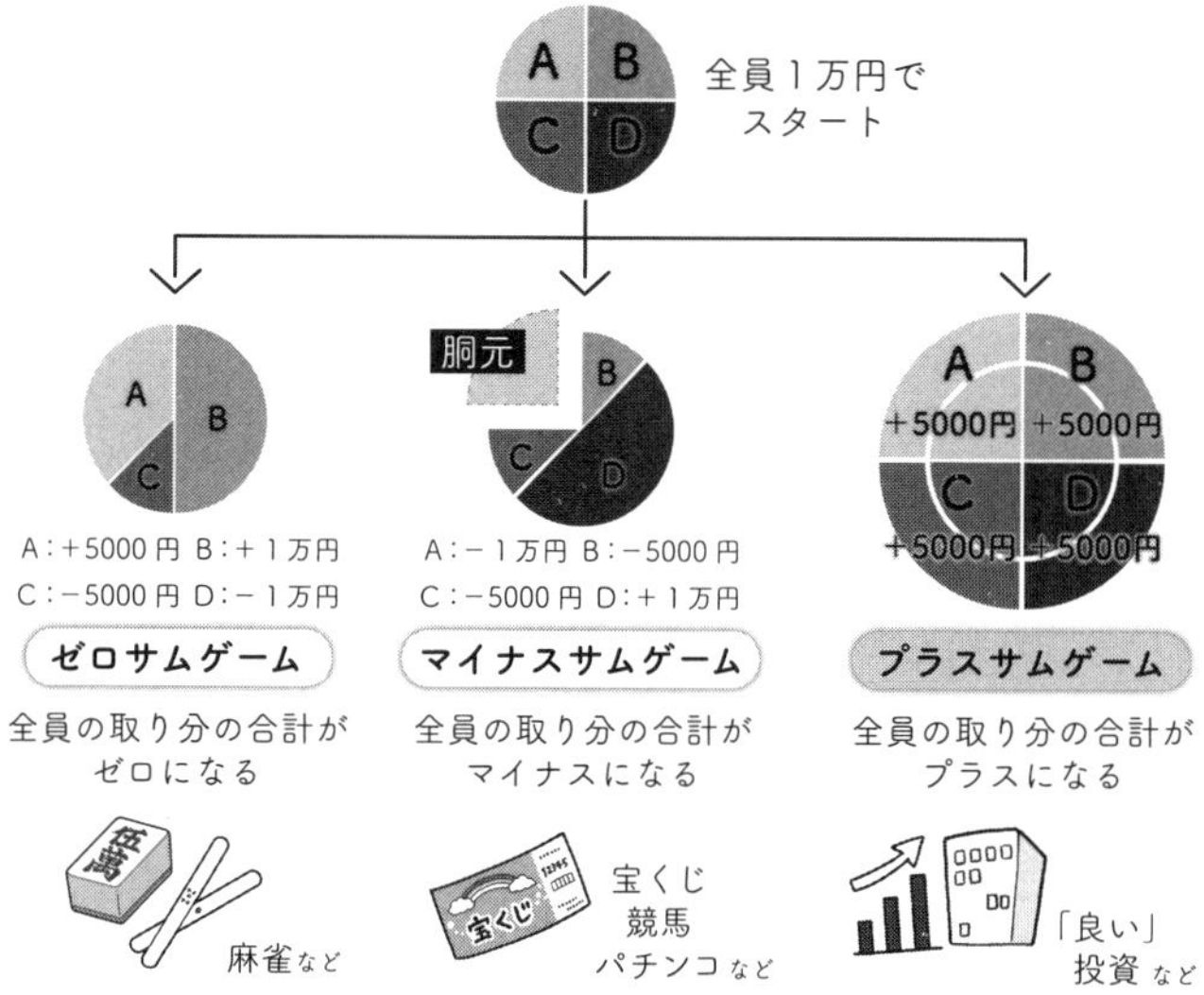

これらを満たし、誰でも取り入れられる方法が、詳しくは2章でご説明する**米国株式指数へのつみたて投資**なのです。

プラスサムゲームと対比されるものとして、「ゼロサムゲーム」や「マイナスサムゲーム」があります。ゼロサムゲームとは、参加者全員の取り分の合計が、常にゼロになるゲームのことです。各自の手元にある点棒を取り合う麻雀《マージャン》が分かりやすい例ですね。ある意味、公平な仕組みとも言えますが、よっぽどの実力者でなければ勝ち続けることが難しいゲームです。

マイナスサムゲームとは、参加者全

員の取り分の合計が必ずマイナスになるゲームのことです。有名なのは宝くじですね。収益金の内訳を見ると、当選金として支払われるのは、たったの46%しかありません。半分以上は最初から除かれて、別の目的に使われていることが分かります。

競馬や競艇、パチンコなども当てはまるのですが、マイナスサムゲームの特徴として、特別な知識がなくても気軽に参加でき、大きな夢が見られることが挙げられます。当たればラッキーかもしれませんが、参加し続ければ確実に負けるゲームです。そのため、堅実に資産を増やしたい場合には、全く向いていません。

プラスサムゲームでお金を儲けることは、未来を作る力にもなる

成長性が期待できる株式市場に参加をすることは、自分の儲けになるだけではなく、経済成長の後押しをすることにもつながります。**私たちが投資をしたお金が、未来を作る力になり、さらには自分の資産を増やすこともできる。**そう考えると「投資」というものに対するイメージそのものが変わってくるのではないでしょうか。こうしてメンタルブロックを外すことができれば、ワクワクしながら投資を続けることができるようになることでしょう。

時間を味方につけた「コツコツ投資」を続けたらどうなる？

投資を続けていくとどうなるのかを具体的にイメージするためには、自分と似たような境遇にあり、実際に投資を経験された方のお話を伺うのが一番ですよね。

しかし、何年も投資を続けていて、しかも着実に利益を出している方に出会い、具体的なお話を聞く機会というのは、なかなかありません。

そこで、過去に私のブログにお問い合わせをいただき、その後も交流があるお二人にインタビューをして、どのようなきっかけで投資を始められたのか、そして、実際に投資を続けたことにより、どのような変化があったのかを伺いました。

教科書的なお話ではなく、商品選びで悩んだ過程や投資開始後に行ったメンテナンス、迷いがふっ切れたきっかけなどについて、語っていただきました。

お二人とも、年収400万円台のときに投資を始めていらっしゃいますので、みなさんが第一歩を踏み出す参考になることと思います。

ご自身の状況と
照らし合わせながら
ご覧ください！

〈ケース1〉

つみたてＮＩＳＡと貯蓄を続けて５年間で約４５０万円の資産を築いたＡさん

35歳女性・既婚。30歳のときに、つみたてＮＩＳＡで投資デビュー。
【投資開始時の状況】年収４２０万円、貯蓄80万円
【現在の資産】貯蓄２００万円、投資２５５万円……合計４５５万円（本人分のみ）

なぜ投資を始めようと思ったのですか？

実は、投資を始める前は30歳で80万円しか貯金がありませんでしたし、あんまり考えずにお金を使っていました。たまたま見ていたYouTubeをきっかけに、そろそろお金のことを考えなきゃいけないなと思って、調べていく中で「つみたてＮＩＳＡ」の存在を知りました。

見直し後の月々の平均的な支出額（30歳時点）

〈支出合計　157,000円〉

家賃	65,000円
食費	35,000円
水道光熱費	9,000円
家事用品	3,000円
衣類	8,000円
交通通信費	15,000円
交際費	10,000円
教育娯楽費	10,000円
保険料	2,000円

〈貯蓄合計　53,000円〉

投資	33,000円
貯蓄	20,000円

〈合計　210,000円〉

なので、計画的に貯蓄や積立《つみたて》を始めたのは、30歳の時からです。

まず投資に回すお金がなかったので、積立をするお金を捻出するところからスタートしました。

大手キャリアだった携帯電話を格安スマホに変えて、iPhoneの最新機種へのこだわりを捨てました。入社時によく分からずに入っていた生命保険も解約しました。当時は独身だったし、生命保険はいらないかなと思ったので。

あとは、あんまり通っていなかったジムの契約を切って、手ごろなロードバイクを買いました。今や、サイクリングは完全に趣味になっています。

こんな感じで支出を見直して、つみたてＮＩＳＡに満額（月３・３万円）積み立てる資金と、毎月２万円を貯蓄する資金を作りました。

Aさんの積立商品と5年後の評価損益

★の商品は2019年から積立開始

米国株式	5年後の評価損益
★ eMAXIS Slim 米国株式（S&P500）	+59.51％
★ 楽天・全米株式インデックス・ファンド	+56.09％

全世界株式	
★ eMAXIS Slim 全世界株式（オール・カントリー）	+46.73％
・楽天・全世界株式インデックス・ファンド	+47.44％

先進国株式	
・eMAXIS Slim 先進国株式インデックス	+58.95％

国内株式	
・eMAXIS Slim 国内株式（TOPIX）	+24.18％

つみたてＮＩＳＡでは どんな商品を選びましたか？

つみたてＮＩＳＡの商品選びをする段階では、情報を集めるほど訳が分からなくなりまして……。結局絞り込めず、全世界株式や先進国株式、国内株式から評判が良さそうなものを少しずつ均等に買うことにしました。

幸いにも、どのファンドも現時点ではプラスになっています。１年目は米国株式は積み立てていませんでしたので、米国株式は４年間での成績なのですが、それでも一番増えています。国内株式は、他に比べると成績がイマイチなので、この結果を踏まえて来年からは、米国株式に一本化しようと思っています。

Aさんの5年経過時点での評価損益（積立年別比較）とつみたてNISA全体の資産推移

	投資元本	評価額	損益
2018年積立分	400,000円	554,468円	154,468円
2019年積立分	400,000円	612,853円	212,853円
2020年積立分	400,000円	572,771円	172,771円
2021年積立分	400,000円	424,980円	24,980円
2022年積立分	400,000円	385,401円	▲14,599円
合計	**2,000,000円**	**2,550,473円**	**550,473円**

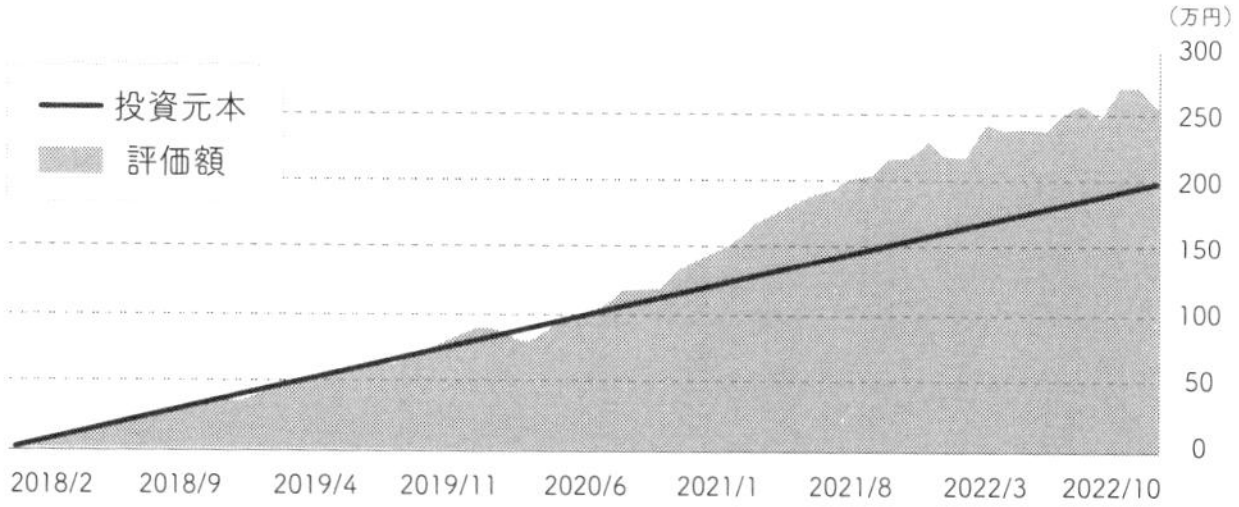

実は、運用を始めて1年目の2018年末は、運用資産全体で見たときにマイナスになっていました。株式市場も厳しい年だったようです。マイナスが気にならなかったと言うと嘘になりますが、「そのうち戻るでしょ」という感じでのんびり構えていました。あまり頻繁に口座を見ていなかったのが良かったのかもしれません。

コロナショックの頃は少し不安になりましたが、半年ほど経ったらむしろ増えていてびっくりしました。このときは、「投資を続けていて良かったなぁ」と思いました。

投資を始めてからの5年間を振り返ってどうですか？

初めて5年間をきちんと振り返ってみたのですが、積立年別で見ると、運用期間が短い２０２２年の分はマイナスリターンになっていることにびっくりしました。いつもはつみたてＮＩＳＡ口座全体でしか見ておらず、全体だとプラスだったのでそんなに心配もしていなかったんです。でも、そのおかげで安心して放置できたので、良い結果につながったのかなと思います。

また、単純に元本ベースで２００万円も積みあがったのが感慨深いです。投資で増えたのも嬉しいですけど、5年前は貯蓄が80万円だったことを考えると、この差は大きいなと思います。

ちゃんと計画的にお金を貯めているということが、自信というか、安心につながりました。5年間続けられて、貯蓄もできたので、米国ＥＴＦとか米国個別株にも少しチャレンジしてみたいと思っています。あとは、不動産投資にも興味が湧いてきました。

たぱぞうからのコメント

小さなきっかけから節約をして、タネ銭を作るところから始めた点が素晴らしいですね。無理なく投資を資産形成に取り入れていて、ちょうどよい距離感だと思います。

商品選びも、自分なりに考えて選ばれて、結果を踏まえて修正していくというプロセスを踏んでいるのは素敵なことだと思います。お勧め商品をただ買っただけではないので、しっかりと自分の「軸」が作られていくことでしょう。

そういう意味でも、迷いながらも立ち止まらずに、まずはいろんな商品を買って始めてみたことには、とても大きな意味があったのだと思いますよ。

〈ケース2〉

6年間iDeCoを続けて、それをきっかけに投資の世界を広げたBさん

34歳男性・未婚。28歳のときに、iDeCoで投資デビュー。
【投資開始時の状況】年収400万円　貯蓄100万円
【現在の資産】貯蓄200万円
投資300万円（つみたてNISA　250万円、課税口座　50万円）
iDeCo　118万円……合計618万円

なぜiDeCoを選んだのですか？

地方公務員もiDeCoに入れるようになり、「老後資金の準備にやっておくといいらし

い」という話を聞いて、始めることにしました。投資をやらなきゃというよりも、税金が返ってくるなら使わないと損だなという感覚でしたね。

だから、事前に気合いを入れて調べたりもせず、1冊だけ解説本を読んで始めました。ネット証券を使って始めること、投資先を分散するのが大事ということでしたので、とりあえず書いてある通りにやったという感じです。

どのような商品を選ばれましたか？

分散が大事ということでしたので、投資先は、国内株式・国内債券・外国株式・外国債券に振り分けました。手数料が安そうなものを選んだら、結果として「たわら」シリーズだらけになってしまいました。

当時は、なんとなく海外資産は危ないのかなと思っていたので、明確な根拠はないけれど、国内の株式や債券を多めにして7割を国内資産に投資していました。ですが、実際に投資を始めたことで、「投資に関する情報」が目に入ってくるようになると、「海外資産」に投資すべきと言う方が多いことが分かってきたので、考えを改めました。

Bさんの積立商品と投資割合

〈iDeCoスタート時（2017年1月～）〉　掛金：月12,000円

◆三井住友・DCつみたてNISA・日本株インデックスファンド——40%
◆たわらノーロード 国内債券——30%
◆たわらノーロード 先進国株式——20%
◆たわらノーロード 先進国債券——10%

↓ 全てスイッチング

〈2018年4月積立分～〉

◆楽天・全米株式インデックス・ファンド——100%

1年ちょっと経ったところで、「スイッチング」をして、米国株式に切り替えることにしたんです。投資先を乗り換えるのは勇気がいりましたが、たぱぞうさんのブログも読み始めていたので、米国株投資へ切り替えることへの後押しをしてもらった感じです。

このとき、外国債券だけはマイナスだったので、マイナスのまま乗り換えるのは悔しくて、プラスになるのを半年待ちました。それ以外は一気に乗り換えています。

結果的に、スイッチングして大正解でした！

米国株式に変えてから、資産の増え方が加速したように思います。今は年率で約12％になっているので、驚異的な利回りだと思います。さすがに、この利回りがずっと続くとは思っていませんが、それでも凄いなと思います。

Bさんの iDeCo の資産推移

（2022 年 12 月末時点）

	投資元本	評価額	損益
合計	825,445 円（手数料除外後）	1,183,723 円	358,278 円

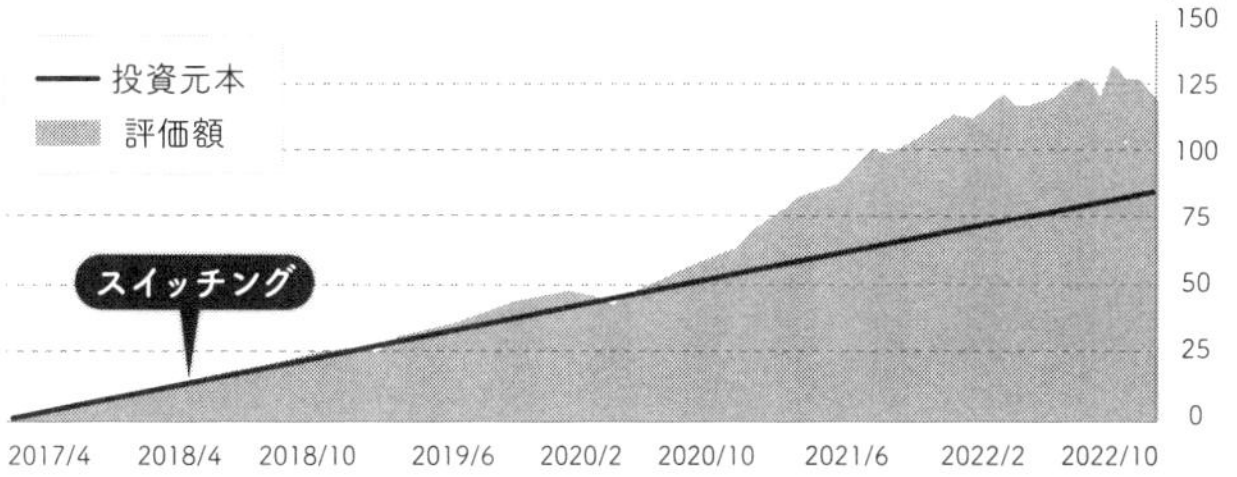

しばらく悩み続けたのですが、「一度iDeCoに入れたら、絶対に60歳までは出すことができないんだから、途中で含み損が出ても関係ない」と割り切れたのが、決断の後押しになりました。

あとは、スイッチングに対する興味もあったので、試しにやってみたいという気持ちもありました。

実際やってみたら、すごく簡単だったので「今は放置しておいて、老後が近付いたら国内債券にスイッチングをすればいい」と確認できたのも、将来への安心につながったように思います。

iDeCoの他に行っている投資はありますか？

iDeCoで経験を積んで、今ではつみたてNI

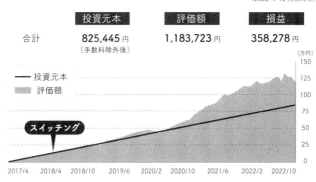

ＳＡもやっています。

それと、海外留学が夢なので、ドルで資産を持っておいてもいいんじゃないかなと思い、課税口座では米国ＥＴＦも買っています。成長株に投資をした方が効率がいいと聞いていても、やっぱり高配当の魅力も捨てがたくて、自分で調べながら銘柄を考えています。

また、個別株では、マイクロソフト【ＭＳＦＴ】とビザ【Ｖ】を買いました。商品やサービスが身近なものの中から、これからも成長していくだろうと思える銘柄を選んで、少しだけ買ってみました。ＳＮＳをきっかけに投資仲間にも出会えたので、今では「投資そのもの」を楽しんでいます。

たぱぞうからのコメント

ｉＤｅＣｏの移管にはそれなりに手間がかかるので、最初に良い本に出会い、ネット証券で口座を開設して、低コスト商品で運用できる環境が整った状態から始められたのは良かっ

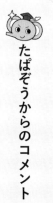

たです。

iDeCoの良いところは、運用商品の乗り換えが簡単にできるところですね。早い段階でスイッチングの経験をされたことにより、長期的な投資方針が決められたのは、何よりも大きな財産でしょう。

投資を始めると、投資自体が面白くなる方も多いです。資産を着実に増やすための「コア」となる投資先をしっかり定めつつ、無理のない範囲で投資の幅を広げていくと、見える世界が広がっていきます。今後が楽しみですね。

投資に対して抱いていたイメージが変わり、「私も始めてみたい！」と思うようになった初美さん。しかし、何から手を付けていいのか分からず、最初の一歩が踏み出せずにいます。

なんだか難しい金融用語が出てくるし……
よく分からない商品名だらけだし……
だいたい、証券口座なんて作ったことないし……

この章では、投資を始めるときに、誰もが悩むポイントと対処法をご紹介します。初美さんと一緒に、1つずつクリアしていきましょう。

2章

「良い投資」の始め方

初めての投資なら、分かりやすい日本株に投資するのが無難でしょうか？

初めて株式投資にチャレンジします。まだ投資には慣れていないので、日本株から始めるのがいいのかなと思っています。

なぜ、日本株から始めるのが良さそうだと思ったのですか？

普段の生活で馴染みがある企業が多いし、なんとなく分かりやすくて無難なように感じています。米国株と言われても、アメリカには縁がないし、なんだか難しそうで私には無理な気がします。

実は、日本の株式市場は初心者には難しい環境なんですよ。
それは「市場全体」を俯瞰して見たときに今後の成長を見込みにくいからなのです。

各国の名目 GDP

（資料：GLOBAL NOTE　出典：IMF）

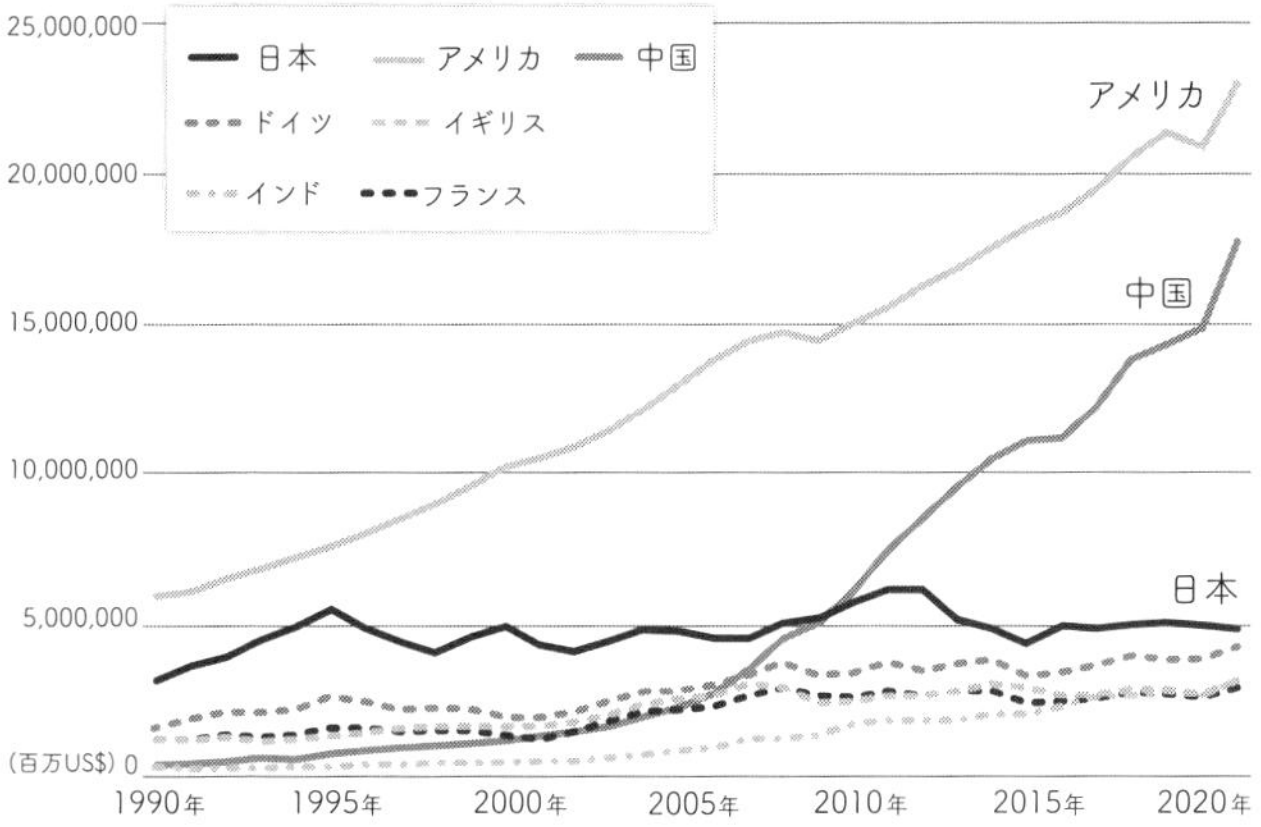

投資初心者さんは、最初に日本株に連動する投資信託や国内株式を買おうとすることが多いです。企業や商品・サービスのイメージが湧きやすい分、なんとなく身近に感じるからでしょうが、これが間違いのもとなのです。それは、投資を成功させるためには、**これから成長する国**を選ぶ必要があるからです。

日本のGDPが伸び悩む理由

世界ランキングを見ると日本のGDPは、アメリカ、中国に続いて世界第3位です。一見すると日本を投資先として選んでも問題ないように思えるかもしれませんね。

しかし、**日本のGDPは現状横ばい傾向で、**

これから成長するとは言い難いのです。そのため、安定成長をしているアメリカとは状況が異なります。

日本のGDPが伸び悩む大きな理由の1つは、労働力人口の減少です。日本の人口推計を見ると、ピークとなった2004年以降は、総人口が減少の一途を辿っていて、今後も減少し続けることが確実となっています。

人口の減少のみならず、高齢化率の上昇も顕著です。2050年には高齢化率が約4割になる見通しですので、人口の減少と高齢化のダブルパンチにより生産年齢人口が減少していくのが確実です。

もう1つの理由として、伝統的に日本の労働生産性が低い点が挙げられます。労働人口が減る状況にある中でGDPを維持していくためには、労働生産性を上げる必要がありますが、労働生産性の国際比較をしてみると、日本はOECD加盟国で20位前後となっています。これは最近に限ったことではなく、恒常的に低め安定となっています。つまり、日本の経済成長が著しかった時代から、日本の労働生産性は低い傾向が続いているということなのです。

分かりやすい例を挙げると、日本では、特に大企業になるほど、本来の業務以上に文書作成業務や会議の比重が重くなりつつあります。このように合意形成にかけるエネルギーや時間が多くなるほど、生産性は上がりにくくなるのです。

人口減少&低い労働生産性という状況を踏まえると、日本全体のGDPがどんどん伸びていくストーリーは描きにくいですね。だからこそ、**日本へ投資をする場合には、これから伸びる企業を個別に目利きする能力が求められ、投資初心者さんには難しい環境**なのです。

日本の資産へ集中投資をすることのリスク

投資を成功させるためには、投資する対象を分散させることが大事です。私たちは、日本で働き、日本円で給与を受け取っています。さらに日本円で貯蓄をし、日本の不動産(マイホーム)を持つということは、日本への集中投資をしている状態を意味します。

そのため、一部の資産を海外の株式で持つということは、攻めているように見えて実は**資産を分散させるという「守りの要素」**もあわせ持つことにもなるのです。

米国株と全世界株、どちらを選ぶのが正解ですか？

たぱぞうさんは米国株式指数への投資をお勧めされていますが、たくさんある国の中から、なぜ米国を選ばれたのですか？

理由は大きく2つです。1つ目は、人口が増え続ける成長国であること。2つ目は、法整備がきちんとされていることですね。

でも、どんなに良くても、米国だけに集中投資をして大丈夫なのか不安です。分散が大切なら、全世界に投資しておいた方が安心なように感じます。

実は、全世界株式に投資をした場合でも6割はアメリカが占めています。ある意味「濃淡」の話にすぎず、本質的には大きな違いはないのですよ。

投資をする国として、アメリカが「最強」な理由

国の経済成長は、ある程度進むと停滞することが一般的です。社会が成熟すると、子どもの教育費や養育費の負担が大きくなり、その結果として少子化が進んで行きます。少子化が進めば、人口に占める老年人口の割合が増えていき、高齢化も進みます。

そのため、日本に限らず先進国の多くは、高齢化による労働力人口の減少という問題を抱えていますので、投資先として見たときには不安材料となります。

しかし、アメリカは、成熟国でありながら人口が増え続けている数少ない国となっています。それは、**毎年多くの「移民」を受け入れているから**です。

世界の移民人口ランキングを見てみると、2位のドイツと比べて、アメリカは3倍以上の人数となっています。これだけでも、いかにアメリカの移民人口が多いかが分かります。

そもそも、アメリカは移民によって成立した国です。そのため、移民を受け入れること自体に寛容なマインドがあります。さらには移民を受け入れることで、さまざまな文化が融合し、新しい技術や価値を生み出すことができています。例えば、携帯電話を改革し、指一本ですべての操作ができるようにしたiPhoneを生み出したのは、シリア人の移民の子どもだっ

たスティーブ・ジョブズなのですね。

このように、移民に対して寛容で、かつ実力があれば夢がつかめる土壌があることから、世界中から多くの移民が集まり続けるという循環が生まれています。よって、出生率が低下した影響を受けながらもなお、人口増加を続けることが可能になっているのです。

ただし、人口さえ増加していれば良いかと言えば、そうではありません。

もう1つの重要な要素として**「法整備」がきちんとされているか**どうかが挙げられます。新興国の中には、人口が増えて成長している国もありますが、経済成長のスピードに法整備が追いついていないことが多く、その分リスクが高くなっています。

例えば、アメリカの株式市場には、企業を甘やかさない仕組みがしっかりと作られています。ニューヨーク証券取引所やナスダック証券取引所は、株式市場への上場基準が厳しく、さらに上場後もしっかりと評価され続けます。基準から外れれば容赦なく上場廃止になるため、結果として成長性の高い銘柄だけが集まることになります。よって、おのずと株価指数は上がっていきます。

その他にも、企業の成長を後押しするような税制や、投資判断に必要な情報開示がしっかりと行われる仕組みが作られていますので、ゾンビ企業が市場で生き残り続けることはできないのです。

新興国に多くみられるような成長力と、成熟国に多くみられる安定性。この２つを兼ね備えている国は、世界中を見渡しても他にないということこそが、アメリカが「最強」な理由です。

投資対象の地域によるリターンの差

こちらは、３種類のＥＴＦ（※上場投資信託のこと。詳しくは後述）のチャートを比較したものです。ＶＴＩは米国株式に投資をするＥＴＦ、ＶＴは全世界に投資をするＥＴＦ、ＶＥＵは米国を除いた全世界に投資をするＥＴＦです。

投資対象の違いによるリターンの差

（引用：Yahoo! Finance US　2009年1月1日－2022年11月25日）

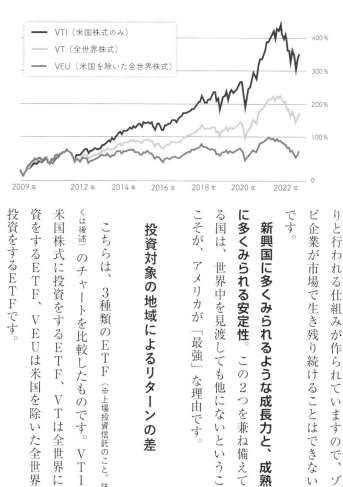

3種類ともチャートの形状は同じですが、リターンには大きな差があります。つまり、全世界株式へ投資をした場合には、米国以外の国が足を引っ張っているということが分かりますね。米国株式が下がるときには、全世界株や米国以外の株式も下がっていますので、分散による資産防衛の効果も、それほど得られていなかったということになります。

もちろん、これは過去のデータですので、今後の10年、20年を確実に予想することは誰にもできません。しかし、産業の伸長に濃淡があるのと同様に、国の経済的な成長も濃淡があるのは事実です。そのため、**投資する対象を広げて、薄めれば薄めるほどリターンが小さくなるのは必然**だということです。

私自身は、これまでの30年がそうだったように、これからの10年、20年も、米国株投資が全世界投資よりも優れるだろうと考えています。

こうしたデータを見たうえで、ご自身の中で同じようなストーリーを描けるのであれば、米国株式指数に投資をすれば良いですし、そうでなければ全世界株式に投資をしておけば良いという、とてもシンプルな話なのです。

全世界株式の約6割は、アメリカ株が占めている

対象インデックスの国・地域別構成比率

（引用：eMAXIS Slim 全世界株式（オール・カントリー）交付目論見書
※2022年９月末時点）

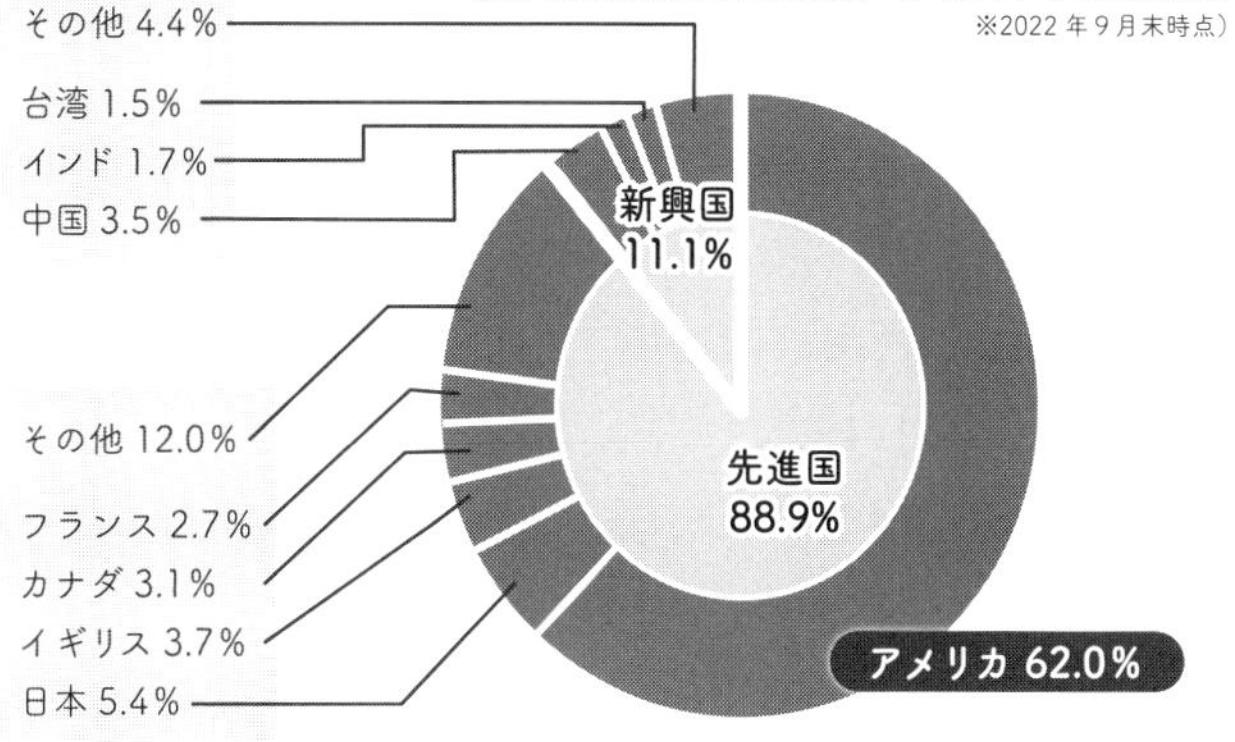

ちなみに、全世界株式に投資をした場合でも、アメリカが占める比率は約６割となっています。米国株式指数に集中投資をしても、全世界株式に投資をしても、米国の成長の恩恵を受けられるということでは変わりがないでしょう。一般的なご家庭で積立投資をする分には、驚くような差異が生じるわけでもありませんね。

もし、米国株式か全世界株式かで迷ってしまったことで投資を始められずに足踏みをしているのなら、投資を続ける「期間」が短くなってしまうことにつながりますので、非常にもったいないことです。**迷って動けなくなるくらいなら、米国株式指数と全世界株式に半々で投資する**ところからスタートするなどでも構いませんので、まずは始めてみると良いですよ。

初めて証券口座を作るのですが、どうやって選んだらいいでしょうか？

証券口座を作ったことがありません。以前、銀行で投資信託の勧誘を受けたことがあるので、メインバンクで口座を作っておけば安心でしょうか？

証券会社選びは今後のパフォーマンスを左右するので、とっても大事です。なんとなく安心感があるというだけで決めてしまってはいけませんね。

知っている銀行なら、大丈夫だと思ったんですけど……それなら、いったい何に気を付けて選んだらいいのでしょうか？

証券会社を選ぶ際には、コストに注目することが最重要ポイントです。コスト面で有利な「ネット証券」をいくつか比較して選ぶのがいいですね。

新しく証券口座を作るとき、大きく分けると3つのパターンから選択することになります。
①銀行や信金、信組、労金などで証券口座を作る
②対面型の店舗がある証券会社で証券口座を作る
③店舗を持たない、インターネット証券会社（ネット証券）で口座を作る
これから投資を始める場合には、ネット証券で口座を開設することをお勧めします。理由はシンプルで、各種手数料が安いからです。

株式や投資信託を購入する場合には、大きく分けて**「①買う時の手数料」「②保有している間の手数料」「③売る時の手数料」の3種類の手数料がかかることがあります**。これらの手数料は、実は利用する証券会社によって大きく異なります。金融商品のコストは慣れていないと比較がしにくいため、あまり意識せずに選んでしまう方が多いのですが、とても重要なポイントです。

まずはネット証券の中から選ぼう

ネット証券は、店舗の維持費や人件費などのコストがかからない分、対面型の店舗よりも

投資信託の手数料と主要ネット証券口座数比較

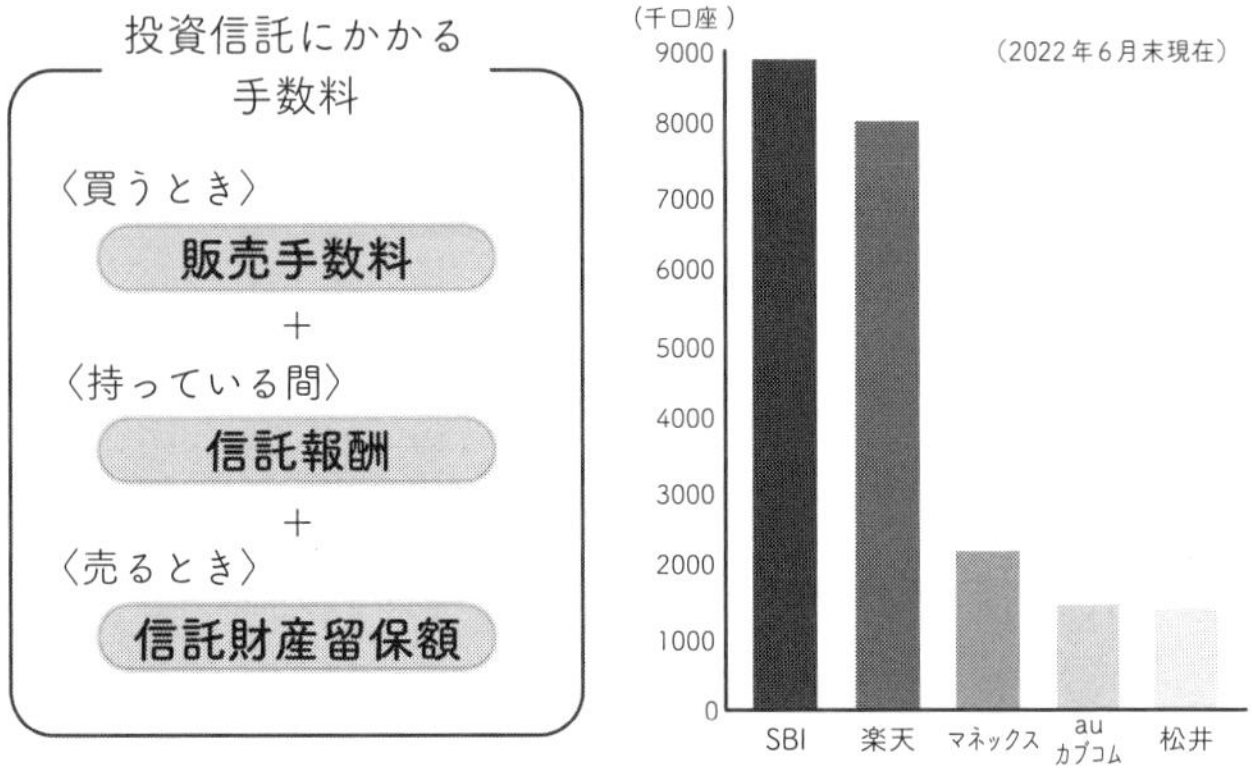

各種手数料が低く設定されています。ネット証券とその他の証券会社で比較すると、投資信託の手数料であれば、おおむね3倍～10倍くらいの差があります。

さらに、証券会社によって取り扱っている商品も異なります。いわゆる低コストの投資信託には、ネット銀行でしか扱いがない商品も多いです。

数あるネット証券の中から自力で1つに絞るのは大変ですよね。そこで、主要ネット証券の口座数ランキング第1位～第3位をピックアップして、それぞれの特徴をご紹介していきます。最初に開設する証券会社としては、この中からご自身の好みに合うところを選んでおけば、まず大きな失敗をすることはありません。

①SBI証券

ＳＢＩ証券は、総合力に優れている証券会社と言え

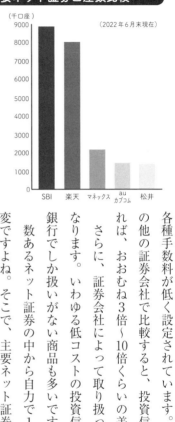

るでしょう。投資信託メインの方はもちろん、将来的に米国ＥＴＦや個別株投資にもチャレンジしたい場合にも、十分に汎用性がある証券会社です。各種手数料は業界最低水準となっていますし、チャートが見やすいところも良い点です。若干Ｗｅｂのインターフェースには癖がありますが、慣れればそれほど困ることはありません。

ＳＢＩ証券に口座を開設する場合には、セットで住信ＳＢＩネット銀行の口座も持っておくと利便性が上がり、米ドル購入時の手数料を抑えることもできます。また、三井住友カードで積立投資をするとポイントが貯まりますので、ポイ活と積立投資を並行して行うことも可能です。外国株の銘柄数が４０００銘柄以上と多いので、米国ＥＴＦや個別株への投資がしたくなった場合にも、たいていの銘柄は購入することができます。

②楽天証券

楽天証券のメリットは、サイトの使い勝手が良く、直感的に操作ができる点です。保有商品の一覧や資産配分なども、とても分かりやすく表示されます。もちろん、各種手数料も最安クラスです。投資信託がメインで、米国ＥＴＦや個別株投資までは考えていないという方には、特にマッチする証券会社だと思います。

楽天証券に口座を開設する場合には、楽天銀行もセットで開設しておくと、口座連携でスムーズに投資ができるようになります。また、口座を連携することで、普通預金の金利が上がるサービスがある点も魅力です。さらに楽天カードで積立投資をするとポイントが貯まります。使い勝手が良い楽天ポイントが貯まりますので、ポイ活との相性がとても良い証券会社です。ただし、ポイント還元率は下がる傾向にありますし、ポイントはあくまでもオマケですので、ポイントの貯まりやすさだけを理由に選ぶことは避けましょう。

③マネックス証券

米国株取引の老舗です。ＳＢＩ証券や楽天証券に比べると、やや中上級者向けの証券会社となります。将来的に、米国の中型・小型株も売買したい、便利なツールやアプリを活用したいという方に向いています。手数料などのコスト面は最安水準ですので問題ありませんが、Ｗｅｂサイトは慣れるまではやや使いにくいと感じるかもしれません。

マネックスカードで積立投資をするとポイントが貯まります。ポイント還元率は他社よりも高いですが、ある意味「ポイントを貯めるためにクレジットカードを作る」ということにつながりやすいです。クレジットカードを増やしすぎるとお金の管理が煩雑になりますので、

主な証券口座の比較

	SBI証券	楽天証券	マネックス証券
各種手数料	◎ 業界最低水準	◎ 業界最低水準	◎ 業界最低水準
銀行との連携サービス	◎ ・住信SBIネット銀行との連携 ・即時入金サービス	◎ ・楽天銀行との連携 ・即時入金サービス	○ 即時入金サービス
web画面やアプリの使い勝手	○ 慣れが必要	◎ 直感的に操作できる	△ 米国株口座への入金がやや面倒
特定口座開設への対応	◎ 対応している	◎ 対応している	◎ 対応している
クレジットカードとの相性	○ 三井住友カードユーザーに◎	○ 楽天カードユーザーに◎	△ マネックスカードならポイント還元率は良い
iDeCo口座で購入可能な商品のラインナップ	○ バランスの良い商品群	△ 楽天・VTIを買うなら一択	◎ ナスダック市場にも投資可能

きちんと管理できるかどうかを考えたうえで選択すると良いでしょう。なお、2024年から、イオン銀行と提携することが発表されていますので、今後のサービス展開に期待したいところです。

細かいサービスは、時が経てば変わることがありますが、実際にWebサイトを見て使い勝手を試してみたり、用意されているサービスを比較してみれば、ご自身にあったネット証券を選ぶことができますよ。

特定口座を開設する時、源泉徴収あり／なしのどちらを選んだらいいですか？

ネット証券を選ぶところまではできましたが、口座開設の手続きで四苦八苦しています。聞いたことがない言葉が多くて、心が折れそうになります……。

大丈夫ですよ、一緒に見ていきましょう。今はどんなところで悩んでいるのですか？

開設する口座を「特定口座（源泉徴収あり）」「特定口座（源泉徴収なし）」「特定口座を開設しない」の中から選ぶのですが、どれにすべきか分かりません。

将来資産が増えることを考えると、ほとんどの方は「特定口座（源泉徴収あり）」を選んでおくのが最適解になります。理由は詳しくご説明しますね。

課税口座の種類と確定申告

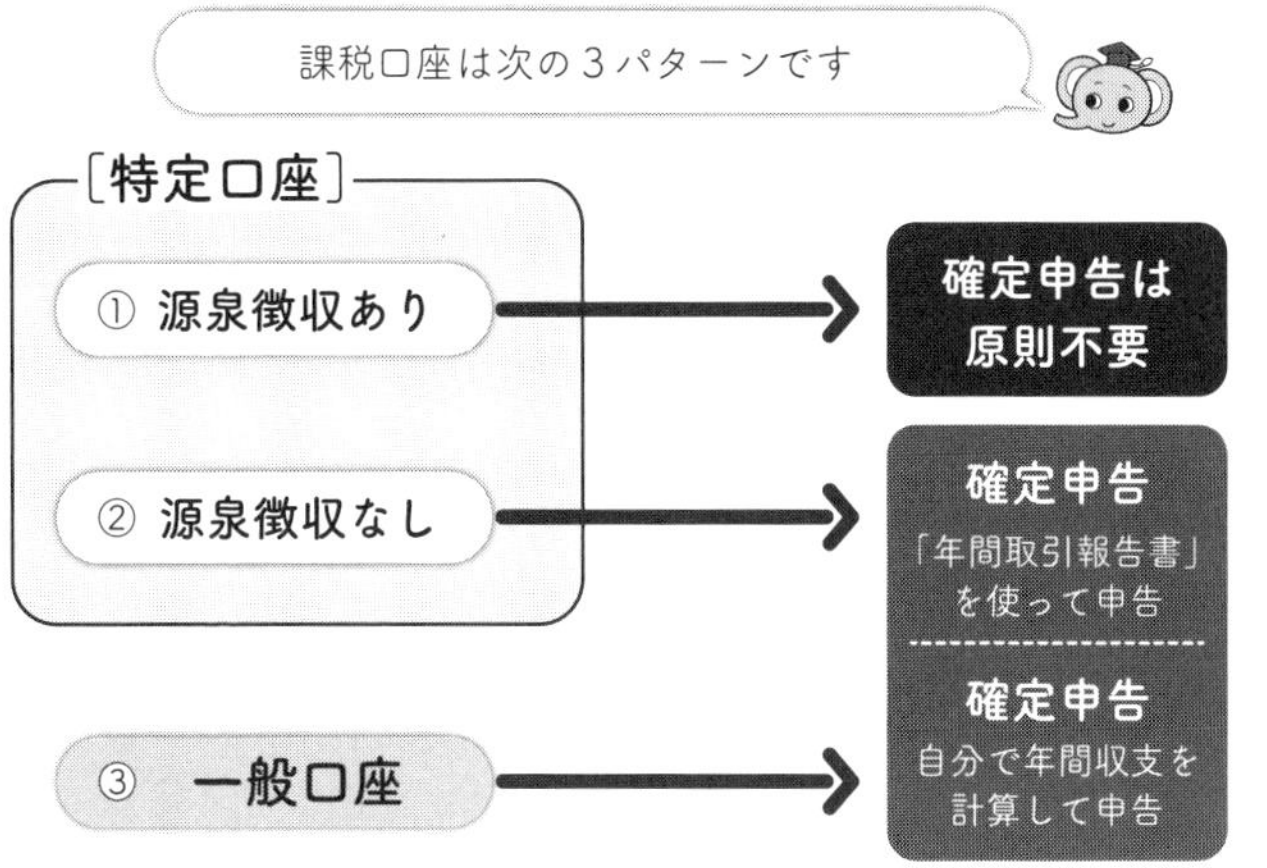

初めて証券口座を作るときは、慣れない用語や手続きで戸惑うものです。マイナンバーや本人確認書類の提出なども煩雑ではありますが、多くの方が「口座の種類の選択」で悩んでしまいます。どれが良いかを選ぶためには、投資にまつわる税金の仕組みについておおまかに理解をしておく必要があるので、あわせてご説明しましょう。

証券口座を開設しようとすると、次の3つからいずれかを選択することを求められます。

①特定口座（源泉徴収あり）
②特定口座（源泉徴収なし）
③特定口座を開設しない（一般口座のみ開設）

これら3つの総称として「課税口座」と表現され、NISA口座とは区別されます。どれを選ぶかによって、今後の税金にまつわる手続きの方法が変わってきます。

①特定口座（源泉徴収あり）を選んだ場合

特定口座（源泉徴収あり）の最大のメリットは「確定申告をしなくていい」ところです。

株式や投資信託を売って利益が出た場合、または配当を受け取った場合には、**利益に対して一律で20・315％の税金がかかります**。そのため、利益が出た場合には原則として自分で確定申告をして税金を払う必要があります。しかし、購入時に特定口座（源泉徴収あり）を選んでおけば、面倒な確定申告の手続きを証券会社にお任せすることができるのです。

税金の申告に必要となる「年間取引報告書」を作成しておいてくれますし、納税そのものも代行してもらうことができます。**自分では何もしなくても、税金にまつわる手続きが完了してしまうのが大きなメリット**です。

余談ですが、特定口座（源泉徴収あり）を選んで購入した場合には、分離課税になるので、給与所得や事業所得とは別枠で税金が計算されます。例えば、主婦（夫）や学生などで給与などの所得がなく家族の扶養に入っている方であれば、特定口座（源泉徴収あり）の口座で投資をしておけば、どれだけ利益を出しても扶養から外れることはありません。

②特定口座（源泉徴収なし）を選んだ場合

特定口座（源泉徴収なし）を選んでおくメリットは、もし株式投資や副業で得た収入が「年間20万円以内」であれば、国税部分の納税が免除される可能性があるという点です。

会社員（＝給与所得者）は、給与所得以外の株式投資や副業で得た収入が「年間20万円以内」の場合には確定申告を省略しても良いというルールがあります。これは、会社員がこぞって確定申告書を提出すると膨大な量になってしまうため、「税金徴収の事務を簡便化するために、少額の利益は追及しませんよ」という考え方によるものです。他に確定申告をする必要がなく、売買の利益と配当収入の合算で年間の利益が20万円以内の場合には、特定口座（源泉徴収なし）を選んでおけば、その分が免税になります。

ただし、これはあくまでも所得税だけの話です。住民税部分に関しては20万円以下でも確定申告をする必要がありますので、全く納税が無くなるわけではありませんし、自分で住民税の申告手続きをしなければなりません。非常にざっくり計算すると、年率3％の配当だけを受け取っている（売却益や副業は一切ない）場合には、投資額650万円ぐらいまでなら特定口座（源泉徴収なし）を選ぶメリットがあるというところです。

しかしこの特例は、**あくまでも他に確定申告をするようなものが一切ない場合に限られま**

す。例えば、医療費控除を受けたい、ふるさと納税の寄附金控除を受けたいという目的で確定申告をするのであれば、20万円以内の利益であってもきちんと申告書に記入しなければなりません。全く確定申告書を出さないで済む場合のみ、所得税が免除されるということに留意しておきましょう。

③一般口座を選んだ場合

①や②の特定口座を開設しなかった場合には、「一般口座」のみが開設されます。商品を買う際に一般口座を選択すると、証券会社では年間取引報告書も作成してくれませんし、確定申告や納税にまつわることは、すべて自分自身で行うことになります。

正直なところ、全くメリットがないので選択する必要はありません。しいて言えば、上場していない未公開株式を購入する場合は一般口座でしか買うことができないことから、一般口座を選択せざるを得なくなります。

ここまで読み進めても、やはり分かりにくいと感じたかもしれませんね。なかなか判断が付かない場合には、シンプルに特定口座（源泉徴収あり）を開設しておけば間違いありません。

それは、手間を減らしつつ選択の幅を広げることができるからです。

「特定口座（源泉徴収あり）を選んだら確定申告は一切できない」と思っている方もいらっしゃいますが、そんなことはありません。確定申告をした方が有利だと判断した場合は、その年だけ確定申告をすることができます。例えば、**複数の証券会社に口座を持っていて、1社では利益が出て、もう1社では損失が出ていた**としましょう。すると証券会社ごとに損益の計算が行われてしまうことから、トータルでは税金の払いすぎになってしまいます。こういう場合には、**確定申告をすれば払いすぎてしまった税金を取り戻すことができます**。これを**「損益通算」**といいます。

また、株式や投資信託で損失が出てしまったら、確定申告をしておくことでその**損失を最大3年間繰り越し、未来の利益と相殺する**ことができるというルールもあります。これを**「譲渡損失の繰越控除」**といいます。

こういった制度を状況に応じて使いこなすこともできますので、購入時には特定口座（源泉徴収あり）を選んでおき、必要なときに確定申告をするという方法が多くの方にとって無難なのです。

これから投資を始める場合、ＮＩＳＡをどのように活用したらいいですか？

投資をするなら、税金がかからずに運用できるＮＩＳＡがお得だと聞きました。つみたてＮＩＳＡと一般ＮＩＳＡは、どちらを選ぶのがいいですか？

２０２３年からコツコツ積立を始めるのなら、「つみたてＮＩＳＡ」が良いですね。20年間という長い期間、非課税で運用できるのは大きなメリットです。

でも、つみたてＮＩＳＡだと投資できる金額は年間40万円までですよね？お金が確実に増えるなら、もう少し投資したいなとも思います。

実は２０２４年からＮＩＳＡ制度がリニューアルされます。今年は「つみたてＮＩＳＡ」で投資に慣れ、新しいＮＩＳＡで投資額を増やすのがいいですね。

通常ですと、株式や投資信託などの金融商品に投資をした場合には、売却して得た利益や受け取った配当に対して、約20％（20・315％）の税金がかかります。

ところが、**「NISA口座」内で金融商品を購入すれば、得られる利益が非課税になります。**

例えば、株式に投資をして10万円の利益が出たとしましょう。NISA口座で運用していれば、まるまる10万円が手に入ります。しかし、課税口座（特定口座または一般口座のこと）で運用していた場合には、手残りが約8万円に減ってしまうということです。

NISAの種類と特徴（2023年まで）

NISAには、現在は3つの制度が用意されています。成年向けの制度が2種類、未成年向けの制度が1種類です。18歳以上の方が使えるNISA制度には、「一般NISA」と「つみたてNISA」の2種類がありますが、これらは同時に使うことができません。そのため、自分にあった制度を選んで活用していく必要があります。

「つみたてNISA」の最大のメリットは、**非課税で運用できる期間が長いこと**です。20年間、非課税で運用を続けることができますので、米国株式指数のような「良い指数」に連動する

2023年までのNISAの種類と特徴

	一般NISA	つみたてNISA	ジュニアNISA
非課税保有期間	5年間	20年間	5年間
年間非課税枠	120万円	40万円	80万円
投資可能商品	上場株式・ETF・公募株式投信・REIT等	長期・積立・分散投資に適した一定の投資信託	一般NISAと同じ
買付方法	通常の買付・積立投資	積立投資のみ	一般NISAと同じ

商品を選んで地道に続けていく投資方法に合致した制度となっています。そのため私は、**特に初心者さんには「つみたてNISA」を使っていくことをお勧めしています。**

つみたてNISAでは年間40万円まで投資をすることができますので、月々約3・3万円までの積立が可能です。毎月の収入から捻出する投資枠として、月々3万円程度という金額はとても現実的なラインと言えるでしょう。その点でも、つみたてNISAは使い勝手が良いのです。

もし、月々5万円の投資が可能な方であれば、つみたてNISA枠を優先して埋めて、溢れた分を課税口座で積み立てていけばいいですね。

一方、一般NISAであれば1年間に120万円まで投資をすることができます。まとまった資金がある場合には魅力に感じますが、**実は一般ＮＩＳＡは中上級者向けの制度**となります。

それは、非課税保有期間が5年間しかないからです。

15年、20年といった長期スパンであれば、米国の経済成長の恩恵を受けて、着実に資産を増やすことができるでしょう。しかし、5年という短いスパンで見ると、損失のままＮＩＳＡの非課税保有期間を終えてしまう可能性が出てくるからです。

ＮＩＳＡに潜むデメリット

非課税で運用できるＮＩＳＡですが、実は1つ大きなデメリットがあります。非課税保有期間終了時に資産が増えていれば全く問題ないのですが、非課税保有期間を終えて課税口座に移管されたときに資産がマイナスになっていると、余計な税金を支払うことになるのです。

具体的に事例を挙げて見ていきましょう。２０２３年に、一般ＮＩＳＡ口座で１２０万円分の株式を買ったとします。この株式を売却せずに5年間持ち続けると、２０２７年12月末時点の時価で「課税口座」に自動的に移されます。このときに、80万円に値下がりしていたとしたら、税金の計算上は「80万円の株式を課税口座で買った」という扱いになります。

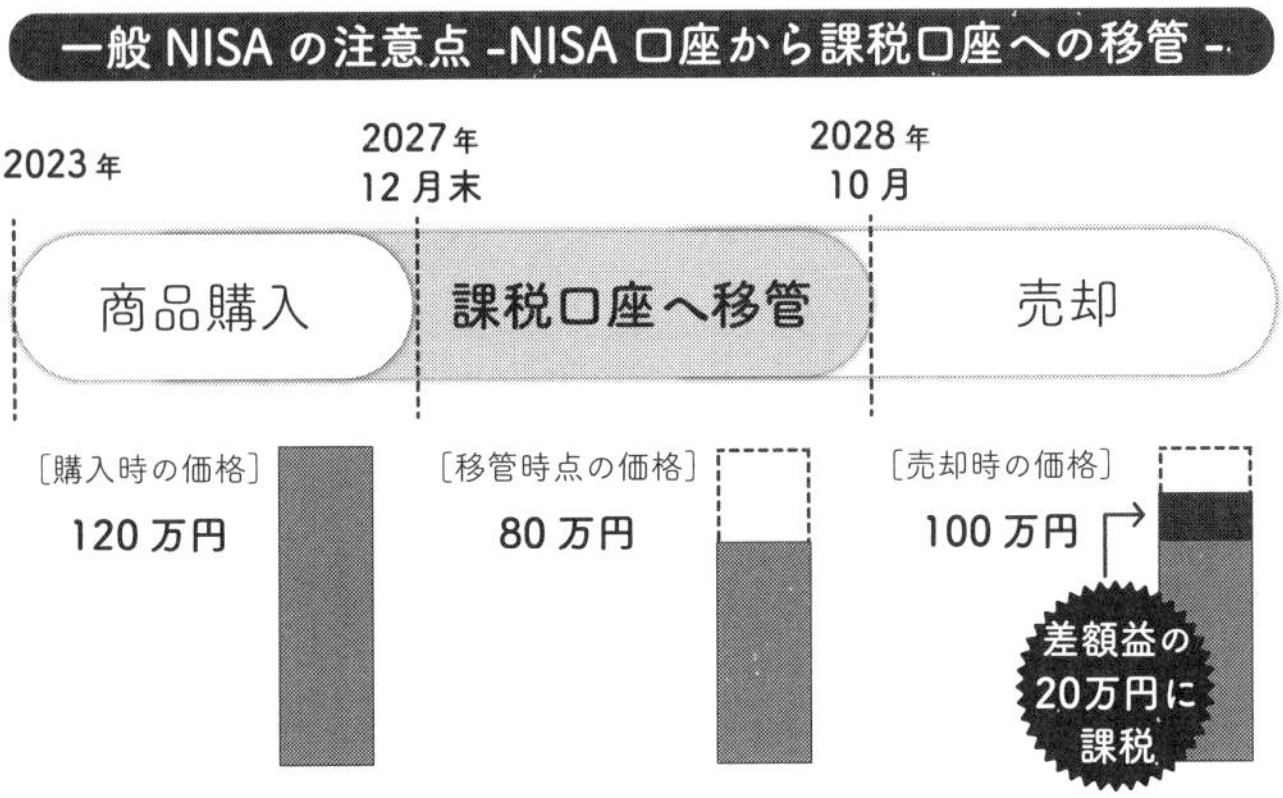

つまり、課税口座に移管された後も保有し続けて、2028年10月になって100万円に戻ったところで売却をすると、**差額の20万円が利益とみなされてしまう**のです。実際は1円も利益が出ていないどころか、購入時よりも20万円マイナスになっているにもかかわらず、約4万円の税金がかかってしまうのです。このようなムダな税金の支払いを避けるためには、**5年以内に確実に利益を出しておく必要が出てきます。**

しかし、これはなかなか難しいことなのです。それは、景気の周期と比べると5年というのはやや短いスパンだからです。

経済の状況は、一本調子に上がっていくわけではありません。いわゆる景気の「波」というものがあります。景気の「波」には一般的に、「景気の谷→景気拡大期→景気の山→景気後退期→次の景気の谷」というような周期があり、それが繰り返されていきます。過去の平均で見ると、景気の周期は日本が約4年半、米国が約6年となっていますので、タイミングによっては、景気が回復する前に5年間の非課税投資期間が終わってしまう可能性が十分にあるということを意味します。

こうした景気の周期は、私たちの努力ではどうすることもできません。コントロールが難しいことを避けるという意味でも、非課税で投資ができる期間が長い「つみたてＮＩＳＡ」を選んでおくのが無難です。

さらに、２０２４年からは、大きくＮＩＳＡ制度がリニューアルされます。**新しいＮＩＳＡでは非課税保有期間が無期限になります**ので、こうした心配事はなくなります。手元にこれまでの貯蓄がしっかりあって、積極的に投資を進めていきたいという場合にも、新しいＮＩＳＡになってからは対応がしやすくなります。

そのため、２０２３年の時点では投資に回す金額の面で無理をすることなく、投資を始める・続けるという経験を積んでおくのが良いでしょう。

↓「新しいＮＩＳＡ」については86ページへ

NISAとiDeCoはどちらを選べばいいのでしょうか?

非課税で投資できるという意味では、iDeCoも捨てがたいと思います。NISAとどちらを選ぶのが良いのでしょうか?

iDeCoの節税効果は魅力的ですね。その一方で、60歳までは一切引き出すことができません。何を重要視するかによって、選び方は変わってきます。

老後になるまで30年以上あると思うと、一切使えないのは心配です。とはいえ自分のお金なので、本当に困ったらどうにかなるのかな……と思っています。

もし、60歳以前にも使える可能性を残しておきたいなら、つみたてNISAを活用した方がいいですね。目的を明確にして、制度を使い分けましょう。

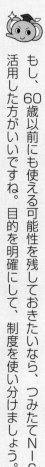

投資を始めるなら、つみたてＮＩＳＡがいいのか、それともｉＤｅＣｏか？

このようなお悩みを寄せていただくことは、とても多いです。投資できるお金が潤沢にあれば別ですが、限りがあるタネ銭をどのように使うかは、誰もが悩むポイントです。

ＮＩＳＡとｉＤｅＣｏは似たような制度として語られることが多いですが、その性質には根本的に大きな違いがあります。それは、**ｉＤｅＣｏはあくまでも「年金制度」**だということです。この機会に、少しだけ年金制度の仕組みについて、触れておきましょう。


年金制度は、よく「３階建て」と表現されます。

１階部分が基礎年金（国民年金）、２階部分が厚生年金、３階部分が私的年金という階層になっています。

日本では、国民皆年金制度と言って、20歳以上60歳未満の人は、すべて公的年金に加入しなければなりません。これが基礎年金（国民年金）です。だれもが加入する土台となるので、この基礎年金を１階部分と呼んでいます。

さらに、会社員など企業に常時雇用されている場合には、厚生年金に加入します。これは、基礎年金に上乗せして年金の給付を受けることができる仕組みです。その分、掛金も上乗せ

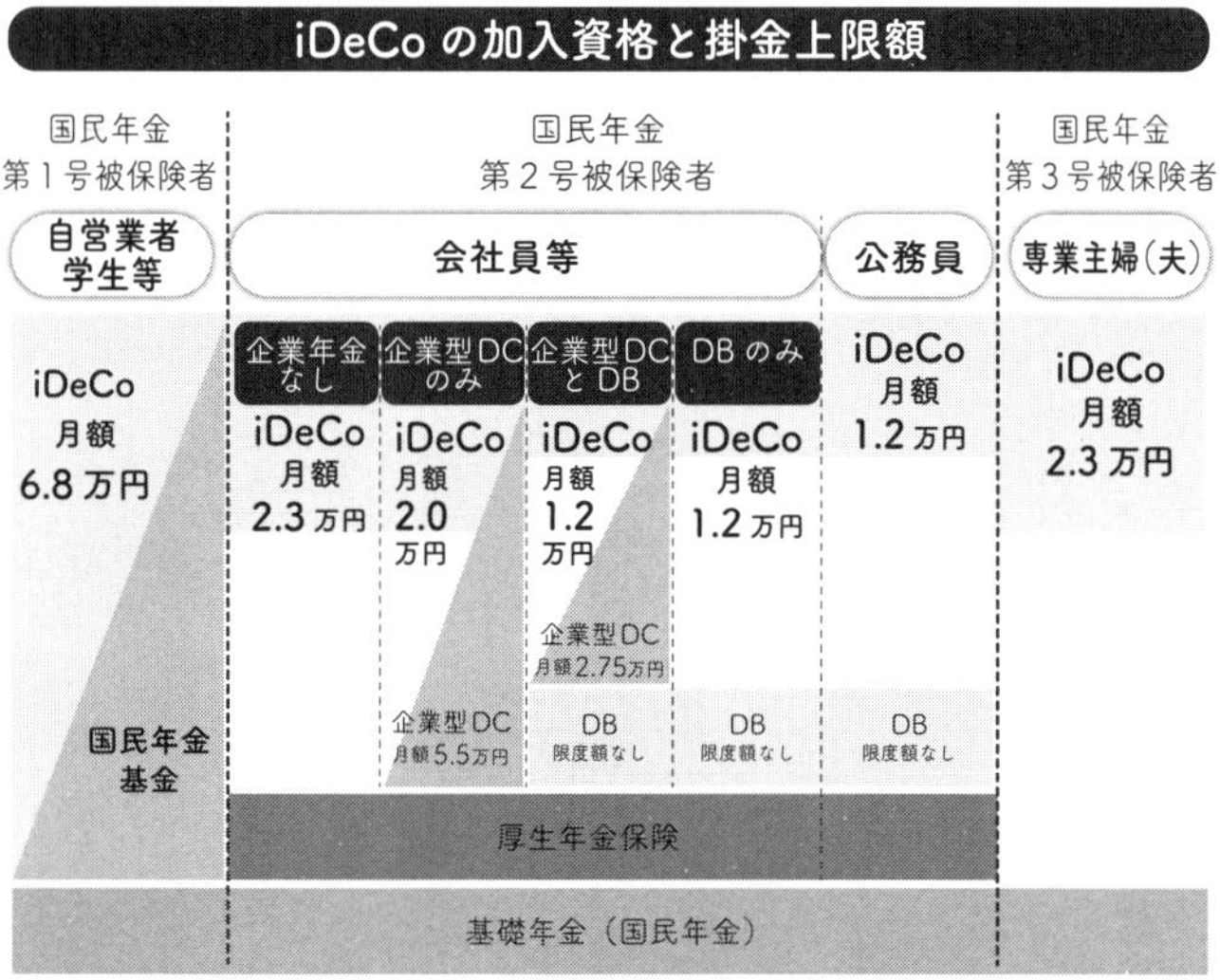

※企業型 DC…企業型確定拠出年金　　※DB…確定給付企業年金

で支払う必要がありますが、厚生年金に加入している場合には掛金の半額を会社が負担してくれますので、私たち個人の負担額は軽くなるという特徴があります。この厚生年金を、２階部分と呼んでいます。

基礎年金と厚生年金は、国が社会保障の一環として運営している「公的年金」制度です。

これらの公的年金だけでは、老後の準備として足りないと思う場合に、自分や会社が独自に準備できる年金が「私的年金」制度で、これが３階部分に当たります。私的年金には、大きく３つの種類があります。

・**確定給付企業年金（DB）**
あらかじめ給付が約束されていて、運用で生じた不足分は企業が補填する年金。
・**企業型確定拠出年金（企業型DC）**
企業が掛金を拠出し、従業員が運用を行う年金。
運用の成果によって、受け取ることができる年金の額は異なる。
・**個人型確定拠出年金（iDeCo）**
個人が掛金を拠出し、自分で運用を行う年金。
運用の成果によって、受け取ることができる年金の額は異なる。

iDeCoとは、もともとあった「個人型確定拠出年金」に親しみやすい愛称を付けたもので、あくまでも年金制度の1つです。そのため、年金を受け取る段階、つまり60歳になる前に受け取ることはできません。

例外としては、ご自身が高度障害者になった場合は、障害給付金として受け取ることができます。また、ご自身が亡くなった場合は、死亡一時金として遺族が受け取ることができます。それ以外の場合は、60歳以前に引き出すことができないものと考えておいてください。

このように、ｉＤｅＣｏにはとても強い資金拘束力がありますので、
・老後のための資金に特化した形で準備をし、運用で増やしたい方
・少しでも使える状況にあると、ムダ遣いをしてしまうタイプの方

このような方々にとっては、老後の資金として完全にロックした状態にして資産形成ができることが、プラスに働きます。一方で、お子さまの教育費や住宅購入資金など、ライフプランの変化に応じて手元の資金を上手に活用したい場合には、ｉＤｅＣｏに入れてしまったことが仇になる場合がありますので注意しましょう。

ｉＤｅＣｏのメリットは、所得税や住民税が減税されることですね。このうちの所得税は、所得が多いほど税率が上がる仕組みとなっています。そのため、所得が多いほど減税効果も高くなるという特徴があります。その一方で、受け取り時の税制を理解しておかないと、意外な税負担が発生して驚くことになる可能性もあります。

一般論として、まだライフプランが定まり切っていない若いうちやiDeCoの制度を理解していないうちは、ＮＩＳＡを活用して少しずつ積立を始めることを優先しておいた方が無難でしょう。

ただし、会社員ではなく個人事業主の場合には、２階部分の「厚生年金」がありません。そのため、代わりになる年金を自分で準備しておくことが大事ですので、積極的にｉＤｅＣｏを活用していくといいでしょう。

たくさんある投資信託から良いものを選ぶにはどうしたらいいですか？

積立をする投資信託ですが、銀行でお勧めの投資信託を教えてもらいました。それに乗っかるのが確実でしょうか？

銀行や証券会社の窓口で勧められた商品を無条件に買うのはやめておきましょう。大多数は「売る側に都合がいい商品」だからです。

そうなんですね……でも、あまりにも種類が多すぎて、自分で選ぶのが難しそうです。ちょっと自信がなくなってきました。

考える順番と見るべきポイントさえ押さえれば、あっという間に数本に絞り込むことができます。正しい選び方を理解しておけば心配ありませんよ。

お付き合いがある銀行や証券会社があると、窓口の担当者から「お勧めの投資信託」というものを紹介されることがあります。すると、プロが勧めてくれるのだから間違いないはず！……と考えて、言われるままに投資信託を買ってしまう方は多いですね。

残念ながら、このようにして紹介される商品は、コストが高いもの、つまり「売る側にとって都合がいいもの」であることが多いです。

投資信託は、高額な売買手数料を設定したり、投資信託を保有している間にかかり続ける**「信託報酬」**を高額に設定することができるため、利益を出しやすいという性質があります。営業担当者は販売目標やノルマと無縁ではありませんので、どうしても会社の利益になる商品を売ることになりがちです。誰が悪いという話ではなく、こういう事情をしっかりと理解しておき、自衛をすることが大切だと心得ておきましょう。

投資信託は手間をかけずに少しずつ買うのに向いている

まず投資信託の仕組みについて簡単にまとめると、次のようになります。

①たくさんの投資家たちから集めたお金をひとまとめにする

投資信託のしくみ

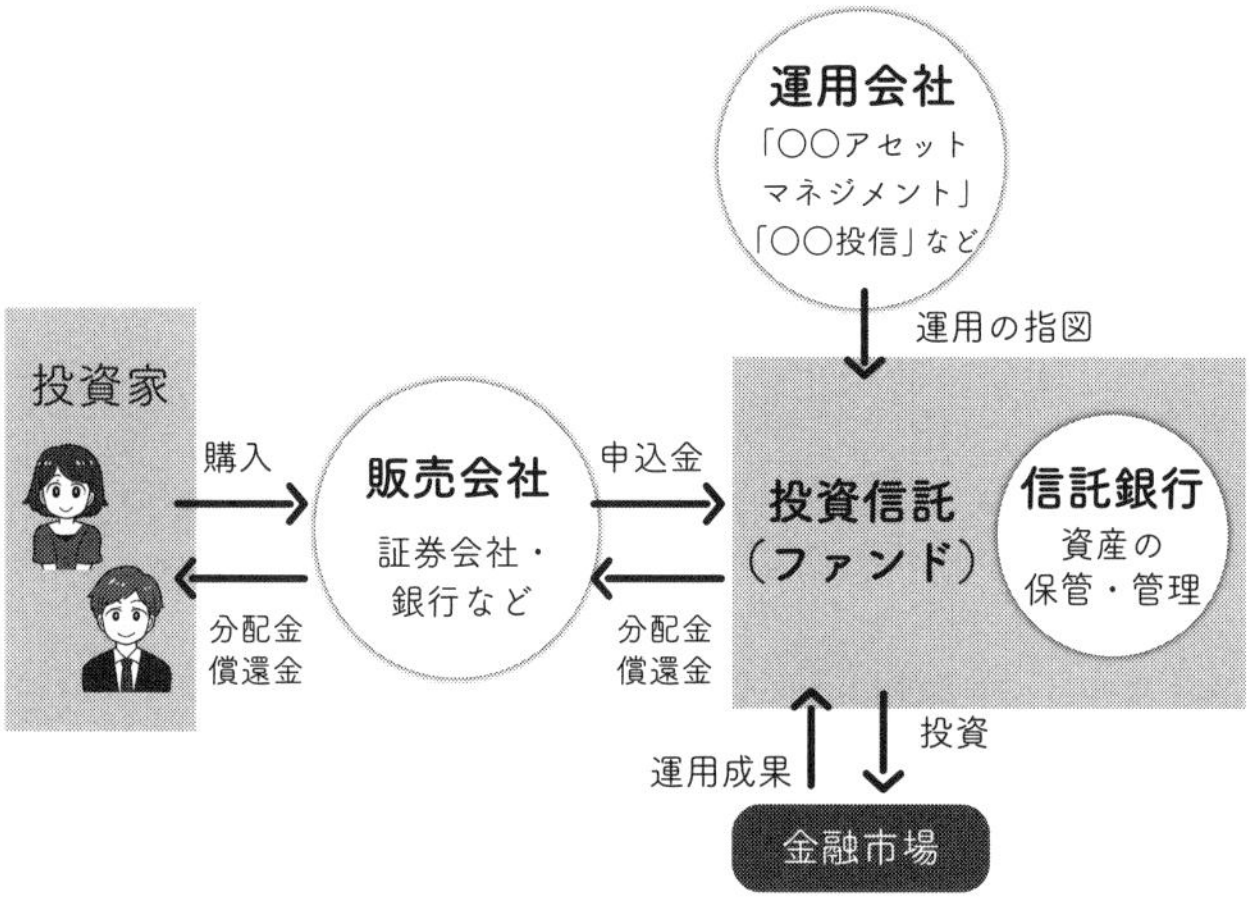

②特定の株価指数に連動させるなど運用のルールを決める

③ルールに基づき、専門家たちが運用する

要するに、運用にまつわる面倒なことを「まるごとお任せ」をして、投資家は結果だけを受け取るということですね。

運用を行う運用会社、商品を販売する販売会社（証券会社や銀行のこと）、資産を管理する信託銀行の3者が、それぞれの役割を果たすことで投資信託が維持管理されています。

関係者が多ければ、それぞれの会社に対する「報酬」が必要になるため、投資信託は手数料は高くなる傾向があります。しかし近年ではつみたてNISAの普及などを受けて投資信託もコスト競争が進み、信託報酬が年率

0・1%程度の商品が数多く出てきています。そのため、正しく選ぶことが重要なのです。

さらに投資信託には、小分けにして自分の好きな金額で買えるという利点があります。ネット証券であれば100円から投資信託を購入することができるので、月々1万円や2万円というように金額を決めて継続することに適しています。

投資信託の選び方

投資信託は、約6000種類が販売されていますので、選び方が分からないと途方に暮れてしまいます。しかし、次の4つのポイントを押さえておけばあっという間に数本に絞り込むことができます。

①手数料の「相場」を知る

スーパーで野菜を買うとき、いつもの値段の目安が分かっていればお買い得かどうかの判断ができますよね。投資信託を買う場合も同じです。手数料の大体の目安、つまり「相場」を知っておくことで、あやしい商品を買ってしまうリスクを下げることができます。

特に注目すべきは、**信託報酬**です。これは投資信託を保有している間ずっと支払うコスト、いわゆる固定費ですので、信託報酬が高くなればなるほど資産形成の足かせになります。現在の相場は次の通りです。

- **海外株式に投資する投資信託なら、年率0・1％**
- **新興国株式、国内株式、バランスファンドなら、年率0・2％**

ざっくり言えば、信託報酬が年率0・2％を超える商品は選択肢から外してよいという目線を持っておくと良いでしょう。

②自分が買いたい「指数」を決める

美味しいランチを食べに行くときは、「和食が食べたい」「イタリアンが食べたい」など、大まかな食べたいジャンルから良さそうなお店を探すことと思います。

投資信託を買う場合も、まずは「どの国（どの指数）に投資をしたいか」を決めてから選びましょう。基本的には、本書でお勧めしてきたように米国の株式指数から選ぶ、または、先進国や全世界の株式指数のように米国の割合が多く含まれる商品から選びましょう。

このように、株式などの指数に連動するように作られている投資信託のことを、「インデックス・ファンド」と言います。米国株式のインデックス・ファンドに投資をしたい場合には、次の2つのパターンから選択することをお勧めします。

- **・S&P500指数に連動する投資信託**
  ↓米国市場の大型株から選定された、約500銘柄に投資できる
- **・VTI（バンガード・トータル・ストック・マーケットETF）に連動する投資信託**
  ↓大型株から中小型株を含めた米国市場の約4000銘柄に投資できる

S&P500とVTIは、投資成績（パフォーマンス）には大きな差はありません。大企業にのみ投資をしたいか、中小企業も含めて投資をしたいか、お好みで選択すれば良いというレベルの差となっています。

③買いたい指数の中で、「手数料が安い」ものを抽出する

ネット証券のWebサイトでは、条件を指定して検索をした後に「信託報酬が安い順番」に並べ替えることができます。買いたい指数を条件にして検索して、信託報酬が安いものの

上位に上がってくる商品のうち、「つみたてＮＩＳＡ」対象商品になっているものから選択しておきましょう。

つみたてＮＩＳＡ対象商品は、「しっかりと分散投資されていて、手数料が低くて、運用が安定している」商品を金融庁がスクリーニングしたものです。外部チェックが入っているということを踏まえて、対象商品の中から選んでおくのが良いですね。

④投資信託の資産規模が「増え続けている」商品を選ぶ

候補として選んだ投資信託のチャートを表示して、「純資産額」の推移に着目してみましょう。純資産額とは、そのファンドの規模を表します。たくさん買われている商品で、運用成績も良好な場合には、純資産額が右肩上がりに増えていきます。

一方で、たくさん売られていたり、運用成績が芳しくない場合には、右肩下がりになっていきます。そして、純資産額が少なければ、ファンドを維持するための固定費を負担する割合も上がりますので、コストがかさんで行くという悪循環が生まれます。目安としては１００億円以上の純資産額があり、右肩上がりに増えていれば、長期間の運用に耐えられるという見方をすることができます。

それぞれの「株価指数」の特徴

	S&P500	VTI	NYダウ
構成銘柄の特徴	NY・ナスダック証券取引所の大型株 **約500銘柄**	米国市場の大型・中型・小型株 **約4000銘柄**	米国の各業種の代表的な大型株 **約30銘柄**
株式市場のカバー率	約80%	約99.5%	約25%
値動きの特徴	大型株の影響を受けやすい	大型株の影響を受けやすい	株価が高い銘柄の影響を受けやすい
小型株	含まない	含まれる	含まない

これら4項目で絞り込むと、残る商品はごくわずかです。

S&P500に連動する投資信託
- eMAXIS Slim米国株式（S&P500）
- SBI・V・S&P500インデックス・ファンド

VTIに連動する投資信託
- SBI・V・全米株式インデックス・ファンド
- 楽天・全米株式インデックス・ファンド

今後も、新たな低コスト商品が出てくる可能性がありますので、現時点でお勧めの商品名を知るだけではなく、きちんと選び方を知っておくことが大事ですね。

ただし、小さなコストダウンのたびに投資信託を売却して乗り換えていると、利益分に課税されて非効率になります。深追いしすぎないように気を付けましょう。

2024年から始まる新しいNISAは今までと何が違うのですか？

2024年から、NISA制度が大きく変わると聞きました。でも「年間360万円の非課税枠」なんて言われると、初心者の私には異世界のことのように感じます。

そんなことはありませんよ。自由度が増して、一生涯で非課税で投資できる「枠」が広がり、初心者さんも中上級者も使いやすい制度になったのですね。

ちょっと安心しました！　新しいNISA制度の最も良いところは何ですか？

一番大きいのは、「非課税保有期間」の縛りがなくなったことです。制度にあわせて売却を考える必要がなくなり、「必要なときに、必要な分だけ売る」ということが、とてもやりやすくなりました。

「新しいNISA」と既存NISAの比較

	新しいNISA		既存NISA	
	つみたて投資枠	成長投資枠	つみたてNISA	一般NISA
非課税保有期間	無期限化		20年間	5年間
口座開設期間	恒久化		2042年まで ※改正により2024年以降は新制度へ移行	2023年まで
年間投資枠	120万円	240万円	40万円	120万円
非課税保有限度額	1800万円 ※簿価残高方式で管理（枠の再利用可能）	1200万円	最大800万円	最大600万円
投資対象商品	現行の「つみたてNISA」対象商品	上場株式・投資信託等 ※一部商品は除外	「つみたてNISA」対象商品	上場株式・投資信託等
対象年齢	18歳以上		18歳以上	

２０２４年からＮＩＳＡ制度が大きくリニューアルされることが決定しました。

今回の改正の特徴は、「誰もが使いやすい制度」になったという点です。これまでに投資の経験がある方から、これから投資を始める初心者さんまで、幅広いニーズへの対応が可能な制度設計となっています。

現行制度と比較しながら、新しいＮＩＳＡの特徴を見ていきましょう。

①つみたてＮＩＳＡと一般ＮＩＳＡが合体して１つの制度となる

これまでは、つみたてＮＩＳＡと一般ＮＩＳＡのどちらかを選択しなければいけませんでしたが、リニューアル後は1つのＮＩＳＡ制度に統合されるイメージだとお考えください。

ＮＩＳＡ口座を開設すると、「つみたて投資枠」と「成長投資枠」という、２つの枠が用意されます。「つみたて投資枠」が現在のつみたてＮＩＳＡのようなもので、「成長投資枠」が現在の一般ＮＩＳＡのようなものです。**この2つの枠を併用することもできますし、どちらかだけを使うこともできます。**

ただし、新しい対象者は18歳以上の方ですので、現在のジュニアＮＩＳＡに当たるような制度はなくなります。お子さまの教育資金の一部をＮＩＳＡで準備したい場合には、親のＮＩＳＡ枠を活用しましょう。

②非課税保有期間・制度ともに「無期限」になる

これまでは、つみたてＮＩＳＡだと20年間、一般ＮＩＳＡだと5年間という非課税保有期間の縛りがありました。こうした縛りが一切なくなりますので、30年でも40年でも非課税のまま保有し続けることができるようになります。

また、制度自体も、つみたてＮＩＳＡは２０４２年まで、一般ＮＩＳＡは２０２３年までと存続の期限が切られていましたが、これも無期限になり、制度が恒久化しました。

③年間投資枠が大幅に拡大した

これまでは、つみたてＮＩＳＡは年間40万円、一般ＮＩＳＡは年間１２０万円という投資枠でした。新しいＮＩＳＡでは、つみたて投資枠が１２０万円、成長投資枠が２４０万円と年間投資枠が大幅にアップします。併用ができますので、合計で年間３６０万円まで投資をすることができるようになります。

もし毎月一定額で投資をする場合には、つみたて投資枠では月々10万円、成長投資枠では月々20万円、合計で月々30万円まで投資をすることができるようになる計算です。12できれいに割り切れますので、枠を最大限に使いたい方にとっても、積立設定がしやすくなりましたね。

これだけの投資可能枠があれば、「非課税投資枠が足りないから、仕方なく課税口座で運用する」ということにはならずに済むでしょう。

ここで、新しいＮＩＳＡを使っていくうえで、とても大事なことをお伝えしておきます。

それは、**年間の非課税投資枠を埋めることを目標にする必要はない**ということです。

仮にSNSなどで、「枠を最短で満額埋めるのが効率的」というコメントを多数見たとしても、焦る必要はありません。むしろ、「自分のペースで投資をした分が、すべて非課税になってラッキー」というくらいの心持ちでいることが大事です。マラソンでも、完走するためには誰かと競うのではなく、自分にあったペース配分をすることが大事ですよね。それと同じで投資でも無理をするのは禁物です。

④非課税保有限度枠が設定された

年間の非課税投資枠が大幅に広がったことにより、毎年360万円を投資に回せるような資産をお持ちの方であれば、これを20年も続けると、なんと7200万円分を非課税で運用できてしまう計算となります。これでは、あまりにも富裕層優遇になってしまう……ということで、1人当たりの非課税保有限度枠というルールが設けられました。

1人当たり1800万円までが、非課税で保有できる上限枠です。ただし、そのうち成長投資枠で使えるのは1200万円までとなっています。これは、仮に年間投資枠を毎年フル

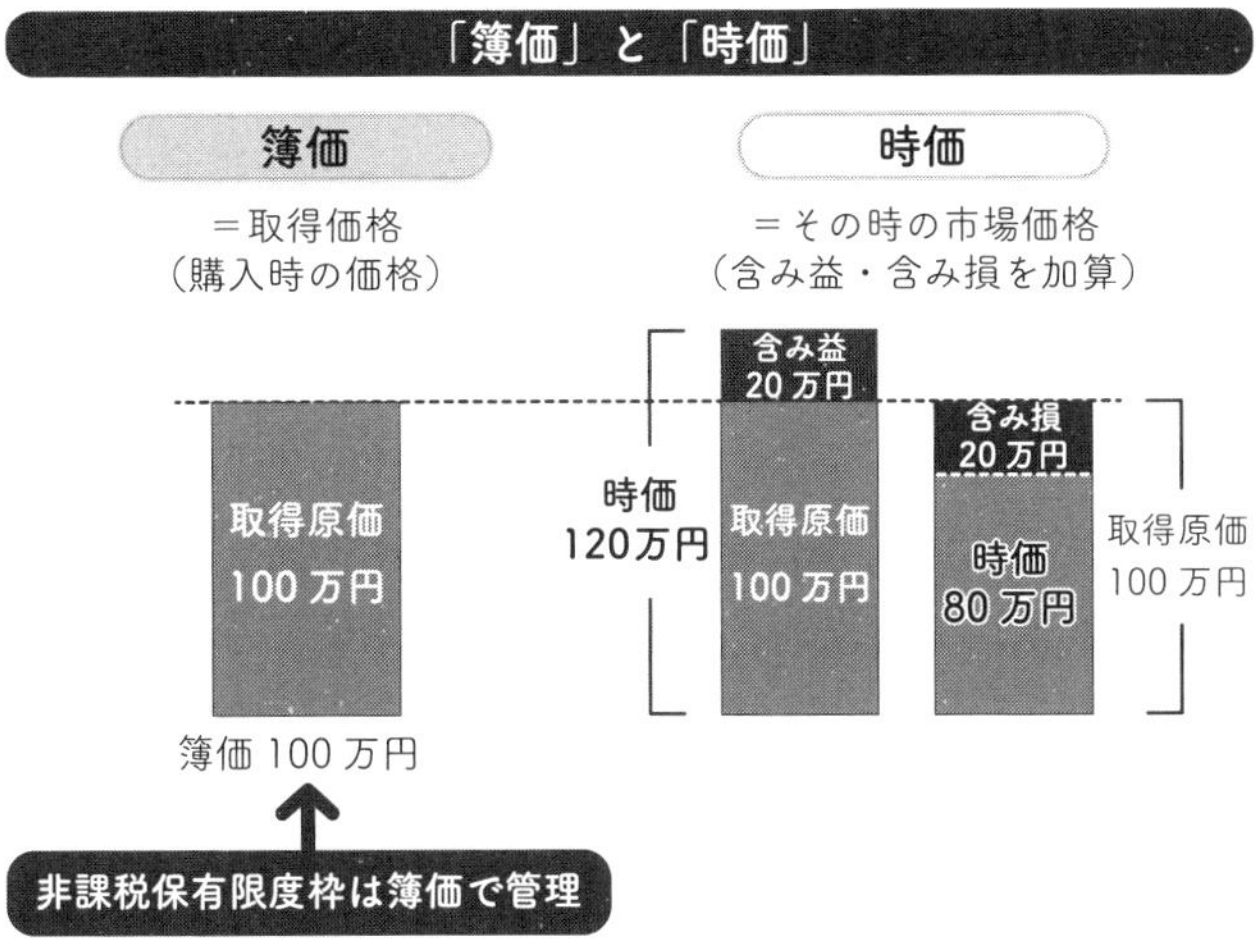

活用した場合、5年間で埋まる金額設定です。

さて、ここでいう「1800万円」という限度枠ですが、簿価《ぼか》残高方式という方法で管理されます。ひらたく言えば、自分が実際に出したお金のことが「簿価」なのだと思ってください。

100万円を投資して、その100万円が120万円に増えたとしても、非課税保有限度枠の消費額は100万円となります。もちろん、100万円が80万円に減った場合でも、消費額は100万円で変わりありません。

今までのNISA制度では、一度非課税枠を使ってしまったら、売却をしても非課税枠が復活することはありませんでした。しかし、**新しいNISA制度では、売却をすると非課税保有限度枠が復活する**仕組みに変わりました。これ

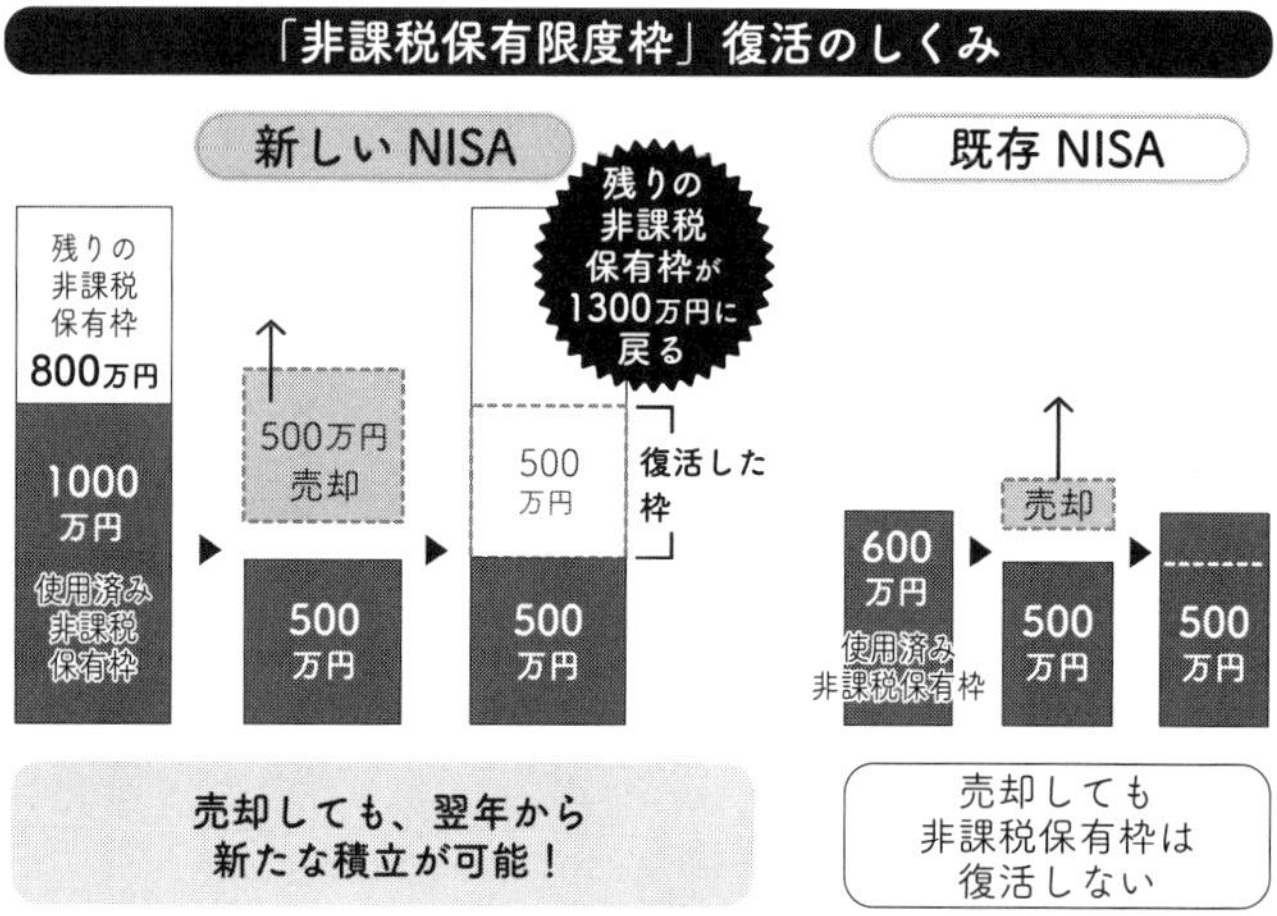

はとても大きな変更です。

例えば、すでに非課税保有限度枠を1000万円使っていたとしましょう。住宅購入の頭金に充てるため、そのうちの簿価500万円分を売却した場合には、非課税保有限度枠の消費額は、500万円に戻るということです。

お子さまの大学進学費用や住宅購入時の頭金など、**ライフステージに合わせていったん売却をして、また新たに積み立てていくというような使い方がしやすくなった**ということですね。

ただし、売却した分の非課税保有限度枠が復活するのは、**売却した翌年**となります。さらに、前年にたくさん売却をしたとしても、次の年に買うことができるのは、あくまでもつみたて投資枠120万円、成長投資枠240万円の範囲内です。前年に簿価500万円分を売却したからといって、翌年一気に500万円分を新しいNISAで買い付けることはできません。これは、短期間で売買を繰り返して投機的な方法で儲けることを避けるためのルール設定となっています。

⑤投資対象商品が絞り込まれた

新しいNISAのつみたて投資枠で購入することができる商品は、現在の「つみたてNISA」と同じです。今後も、金融庁がスクリーニングした「しっかりと分散投資されていて、手数料が低くて、運用が安定している」商品に限定されます。

一方の「成長投資枠」は、現在の一般NISAに比べると対象商品が限定されます。広く上場株式・投資信託等が対象になるという点では一般NISAと同じなのですが、約6000本ある投資信託のうち、2000本程度に絞り込まれる予定です。具体的には、次のタイプの商品が、成長投資枠の対象から除外されることが明らかになっています。

・整理・監理銘柄
・信託期間20年未満、高レバレッジ型及び毎月分配型の投資信託等しかし、本書で紹介するような米国や国内のETFは、成長投資枠の対象になる予定ですし、「日本株しか買えない」というような縛りもありません。そのため、買える商品が絞られるという変更点については、あまり心配する必要はないでしょう。

1つだけ注意が必要なことを挙げるなら、公社債投資信託という「債券しか組み入れることができない」ファンドについては、引き続き対象外になっている点です。

今回の改正で、NISA枠で投資できる金額が大きくなりました。現役世代のうちは、値動きが大きくても一定の給与収入があれば対処がしやすいですが、年齢を重ねた際にはリスクを抑えた運用に切り替える必要が出てくるかもしれませんね。将来「債券を運用に取り入れたい」と思った時には、債券100%の商品は買えなくても、バランスファンドといって株式と債券など、いくつかの資産を組みあわせて投資をすることができる商品ならばNISAで買うことが可能です。

【参考】株式と債券に投資ができるバランスファンドの例

- 「楽天・インデックス・バランス・ファンド」シリーズ
  全世界の株式と全世界の債券（為替ヘッジあり）に投資をすることができる

● ＳＢＩ・ｉシェアーズ・米国バランス（２資産均等型）（愛称：まるっと米国）

米国の株式と米国の債券に均等に投資をすることができる

このような、シンプルで低コストなバランスファンドの存在を知っておくと、老後にリスクを抑えた運用に切り替えたくなった時に役立つことでしょう。

新しいＮＩＳＡが始まるまで投資をせずに待った方がいいですか？

２０２４年からパワーアップした「新しいＮＩＳＡ」が始まるのなら、それまで待ってから投資を始めた方がいいのでしょうか？

いいえ、少しでも早くスタートした方がいいですよ。２０２３年までにＮＩＳＡを始めておけばお得なこともありますしね。

そうなんですか！　いったいどんな特典があるのでしょうか？

新しいＮＩＳＡでは「非課税保有限度枠」というものが設定されますが、今のＮＩＳＡで投資した分は別枠になります。同時に投資が可能な金額の枠が広がるので、資産形成が進めやすくなりますよ。

これからNISAを活用して投資を始める方も、既にNISA枠を活用している方も、新しいNISAと現行NISAの関係性は押さえておきたいポイントです。

ひとことで言えば、「完全に別の制度として切り分けられる」ことになります。新しいNISAでは一生涯の非課税保有限度枠が設定されますが、現行制度で投資済みの非課税枠分は、新制度の非課税保有限度枠には算入されません。

つまり現在のつみたてNISAで40万円×6年間投資をしている方であれば、240万円+1800万円＝2040万円まで、非課税で保有できる可能性があるということになります。

損得という言葉でまとめて良いかは分かりませんが、2023年までにNISA制度を活用していた場合は**一生涯の非課税保有限度枠が増える**ことになりますので、結果としてお得と言えるでしょう。

つみたてNISAを使っていた場合の対処方法

現行のつみたてNISAを使っていた方は、気にせずそのまま持ち続けておけば良いですね。購入した年から20年経過したところで、**その時の「時価」で課税口座に移管される**仕組

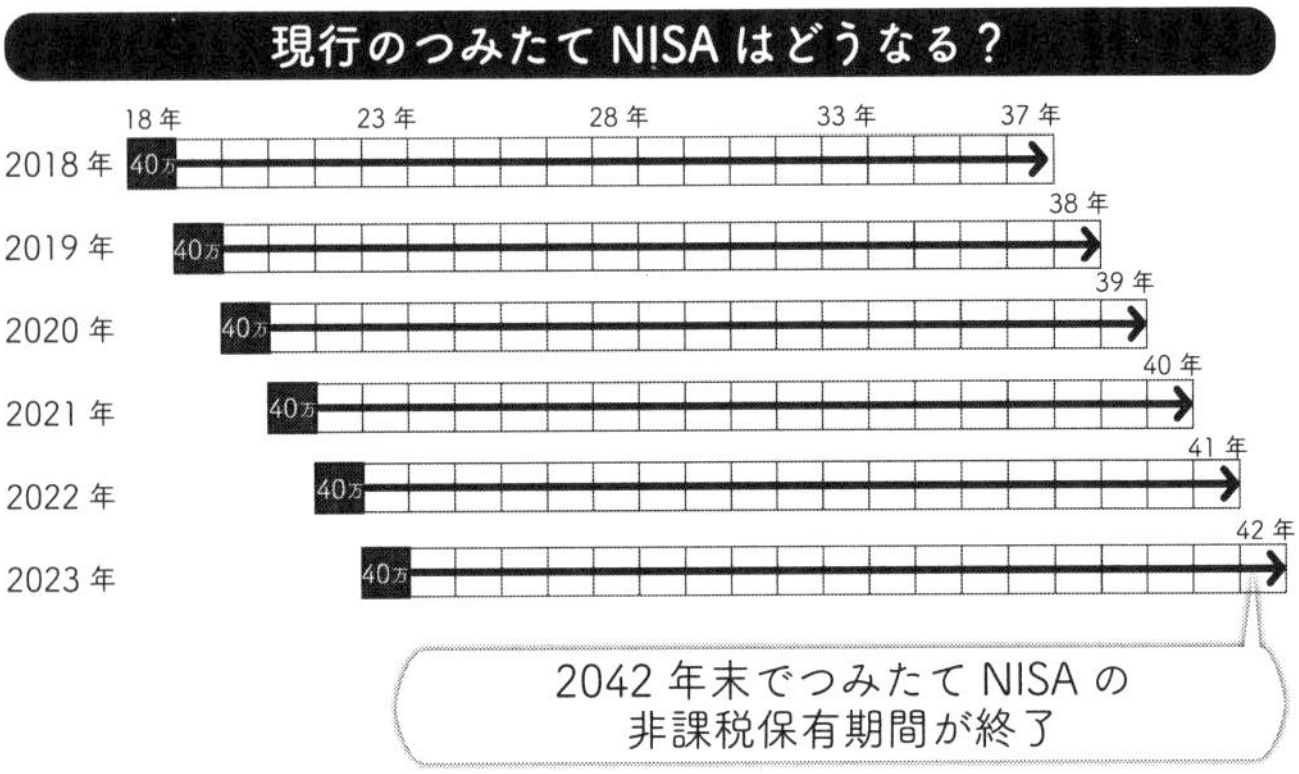

みとなっていて、特に変更点はありません。

現行のつみたてＮＩＳＡは２０２３年で終了しますので、制度が発足した２０１８年から満額でつみたてＮＩＳＡを続けていた方であれば、最大で40万円×６年＝２４０万円分の積立が可能でした。この分は、新しいＮＩＳＡの非課税保有限度枠とは別に持ち続けることができ、最長20年間非課税の恩恵を受けることができるという意味合いです。

一般ＮＩＳＡを使っていた場合の対処方法

一方で、現行の一般ＮＩＳＡを使っている方は少し注意が必要です。現行の一般ＮＩＳＡは２０２３年がラストイヤーとなりますので、それ以降はロールオーバー先がなくなってしまいます。ロールオー

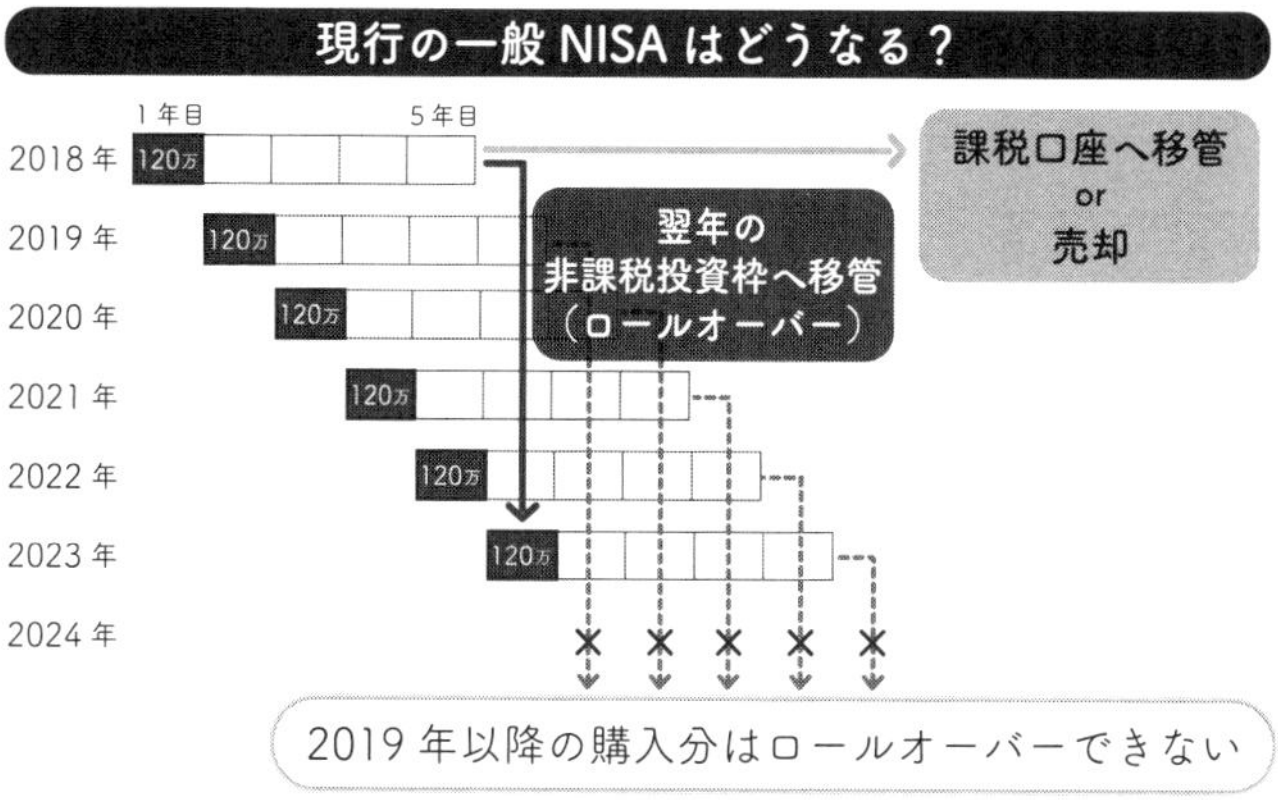

バーとは、5年間の非課税保有期間が終わってもさらに非課税で運用できる期間を延ばすため、新たに生まれる非課税投資枠に株式などをお引越しする制度のことです。

例えば、2018年に購入した商品が5年間の非課税保有期間を終える場合でも、2023年に新たに生まれる一般NISA枠にロールオーバーすれば、2027年末まで非課税で運用することができるというルールでした。しかし、今回の改正で完全に別物となりましたので、現行NISAの商品を新しいNISAへロールオーバーすることはできません。

そのため、**5年以内に利益が出ているところでいったん売却**し、売却した資金を使って**新しいNISAの枠で新たな商品を買い直す**というような戦略を練る必要があります。

現行のジュニアNISAはどうなる？

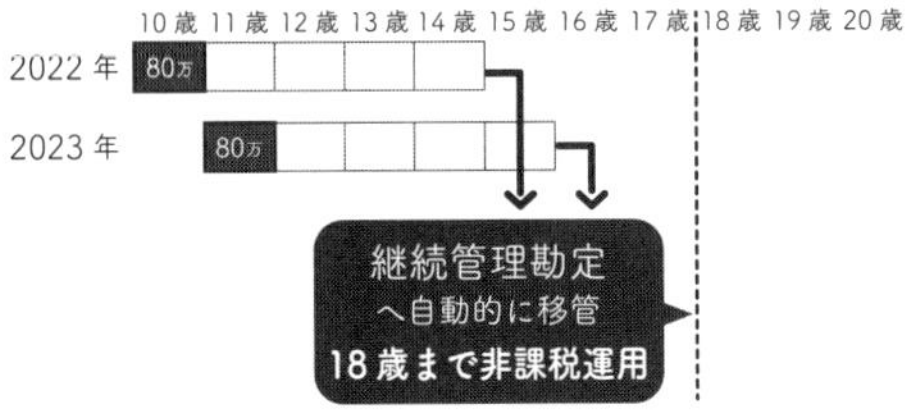

2024年以降は一括ならいつでも非課税で払い戻しできますが、払い戻しをした時点でジュニアNISA口座は解約されます

ジュニアＮＩＳＡを使っていた場合の対処方法

もともと2023年で終了することが決まっていましたので、その点に変更はありません。お子さまが18歳になるまで計画していた通りの運用を続ければ良いですね。

ジュニアＮＩＳＡで投資した商品は、5年間の非課税保有期間が終了した後、**「継続管理勘定」**という枠にロールオーバーをすることができます。そして、お子さまが18歳になるまでは非課税運用が続けられるという仕組みです。

これまでは、自分で手続きをしないと「継続管理勘定」に移すことができなかったのですが、今回のリニューアルとセットで、特に手続きをしなくても自動的に「継続管理勘定」に移るように変更されます。この手続きは地味に面倒な作業でしたので、自動的にやってもらえるようになるのはありがたいですね。

新しいNISAに関するQ&A

Q：現行NISAをしていますが、新しいNISAを始めるために何か手続きが必要ですか？

A：2023年の時点でNISA口座を持っていれば、2024年には同じ証券会社に新しいNISA用の口座が自動的にできあがる予定です。もし、新しいNISAを機に2024年以降に積み立てる分から証券会社を変更したい場合には、ご自身で手続きをする必要があるものとお考えください。

2023年以前に購入した分は、購入した証券口座に置かれたままで運用が続けられます。過去に購入済みの商品を新しい証券会社のNISA口座に移し替えることはできませんので、リバランスや使いたいタイミングなどで売却する時が来るまで、そのまま置いておきましょう。

Q：つみたて投資枠と成長投資枠を、別々の証券会社に分けることはできますか？

A：できません。同じ証券会社に2つの枠がセットで用意されます。

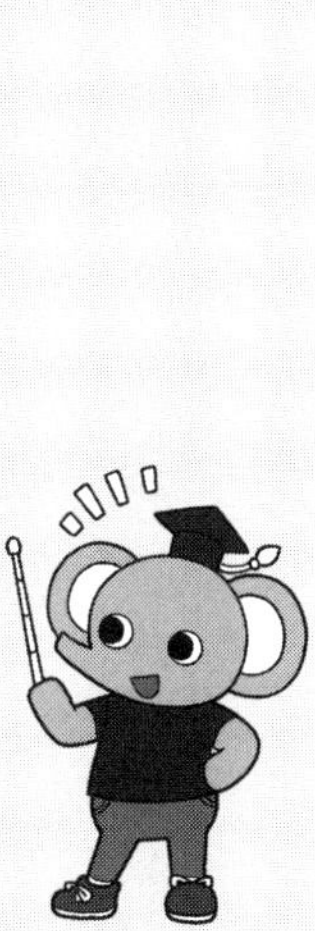

売却する口数を自分で計算する方法

〈例〉

保有口数	1万口あたりの 平均取得価額〔円〕 基準価額〔円〕	評価額〔円〕
2,111,540 口	13,581.46 17,915	3,782,824

◆簿価 100 万円の投資信託が何口にあたるか？

→100 万円 ÷13,581.46 円 ×10,000

＝**736,298 口**

※証券口座に表示されている平均取得価額や基準価額は 1 万口あたりの単価です。そのため、正しい口数を計算するには計算結果を 1 万倍にする必要があります。

Q：同じ投資信託を複数年にわたって買い続けた場合、「簿価」の計算はどうなりますか？

A：買い続けた期間の平均で簿価が計算されます。ちなみに、つみたて投資枠と成長投資枠で同じ商品を買っていた場合でも、枠ごとに区別されてそれぞれの平均で簿価が計算されます。

Q：簿価を指定して投資信託を売ることはできますか？

A：今後の個別の証券会社の対応次第ですが、現状では「金額」または「口数」を指定して売却することになります。どうしても、簿価ベースで売却金額を決めたい場合には、売却する口数を自分で計算して対応しましょう。

Q：生涯の非課税保有限度枠はどうやって管理されるのですか？

A：国税庁で集計して管理します。各金融機関が国税庁へ情報を提供し、マイナンバーを使って名寄せをして計算してから、各金融機関へフィードバックします。

Q：年間120万円以上、積立投資をしたい場合はどうしたらいいですか？

A：成長投資枠を使ってつみたてNISA対象商品を買うことができます。年間120万円を超えて積立投資をしたい場合には、超える分は成長投資枠で購入しましょう。

Q：つみたて投資枠だけを使って非課税保有限度枠を埋めることはできますか？

A：可能です。例えば、つみたて投資枠を年間120万円ずつ15年間使い続けて、1800万円分の非課税保有限度枠を埋めるという使い方もできます。

Q：課税口座で既に持っている投資信託を、そのまま新しいNISA口座に移すことはできますか？

A：できません。新しいNISAで運用をしたいなら、一度売却をして新たに新しいNISA口座で買い直すことになります。

新しいNISAの使い方① コツコツつみたて型

投資に回せるまとまった資金が現時点で手元にない場合、
少しずつ積み立てていきましょう。

〈パターンA〉

つみたて投資枠 年間60万円

5万	5万	5万	・・	・・	・・	・・	・・	・・	・・	・・	5万

× 30年

＝1800万円（投資元本）

年率3％なら 約2913万円	年率5％なら 約4161万円

〈パターンB〉

つみたて枠
年間60万円

5万	5万	・・	・・	・・	・・
・・	・・	・・	・・	5万	5万

＋

ボーナス
年間40万円

20万	20万

× 18年

＝1800万円（投資元本）

Check Point

これまでに投資に回している資金がなかったり、
投資に回しても日常生活に支障がない「まとまった資金」がない場合には、焦らずコツコツ積み立てましょう。
パターンA・Bともに、月々の単価などは
目標やご自身の貯蓄余力にあわせて設定しましょう。

**非課税保有限度枠を埋めることが目的のゲームではありません。
他人と比べず、ご自身のペースで歩んでいきましょう。**

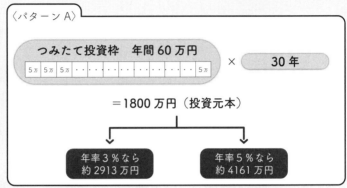

新しい NISA の使い方② 早期つみたて型

手元に 500 万円分のまとまった余裕資金がある場合、
どのように非課税枠を埋めるか考えてみましょう。

〈パターン A〉

まず 500 万円を時間をかけて分散投資

500 万円 ÷ **月々10 万円（つみたて枠）** ＝ **4 年 2 カ月**

↓

以降は毎月の収入から積立投資

月々 5 万円（つみたて枠） ＋ **ボーナス 年間 40 万円** × **13 年**

17 年 2 カ月で 1800 万円の枠が埋まる

〈パターン B〉

手元の 500 万円をつみたて枠と成長投資枠に分けて投資

500万円 ÷ **月々 5 万円（つみたて枠）**［投資信託］ ＋ **成長投資枠 年間 100 万円**［ETF など 一部資金で挑戦］ ＝ **3 年 4 カ月**

↓

以降は毎月の収入から積立投資

月々 5 万円（つみたて枠） ＋ **ボーナス 年間 40 万円** × **13 年**

16 年 4 カ月で 1800 万円の枠が埋まる

Check Point

一括投資の方が合理的ですが、その分ボラティリティ（値動きの幅）も大きくなります。耐えられなくなって値下がり時点で売却してしまうことを避けるためにも、少しずつ投資に回していくのが良いですね。

まとまった資金がある場合も、3～5 年程度で時間分散をしながら投資をしていくことをお勧めします。

新しいNISAの使い方③　課税口座に保有する商品がある場合

課税口座に500万円分の投資信託等がある場合を考えてみましょう。

Q. 以降、投資に回すお金として**年間360万円以上**用意できるか？

できる

できない

そのまま保有

売却時の税金がもったいない！

これから追加投資をする分で年間の非課税枠を埋められるようでしたら、無理に手持ち商品を売却する必要はないですね。利益を確定すると税金の支払いが発生するからです。

追加投資が可能な金額のペースが落ちる状況になるまでは、そのまま運用を続ければよいでしょう。

売却して買い直し

長期投資をするなら非課税口座での運用を

長期投資をする前提ならば、手元の課税口座にある商品を売却して早めに新しいNISAに移すことを推奨します。

それくらい、非課税で運用できる効果は大きいということですね。

売却時にかかる税金は手元の貯蓄やボーナスでカバーしつつ、時間分散しながら移行を進めていきましょう。

新しいNISAへの移し方例は次のページへ！

課税口座から500万円分を新しいNISAに移す場合

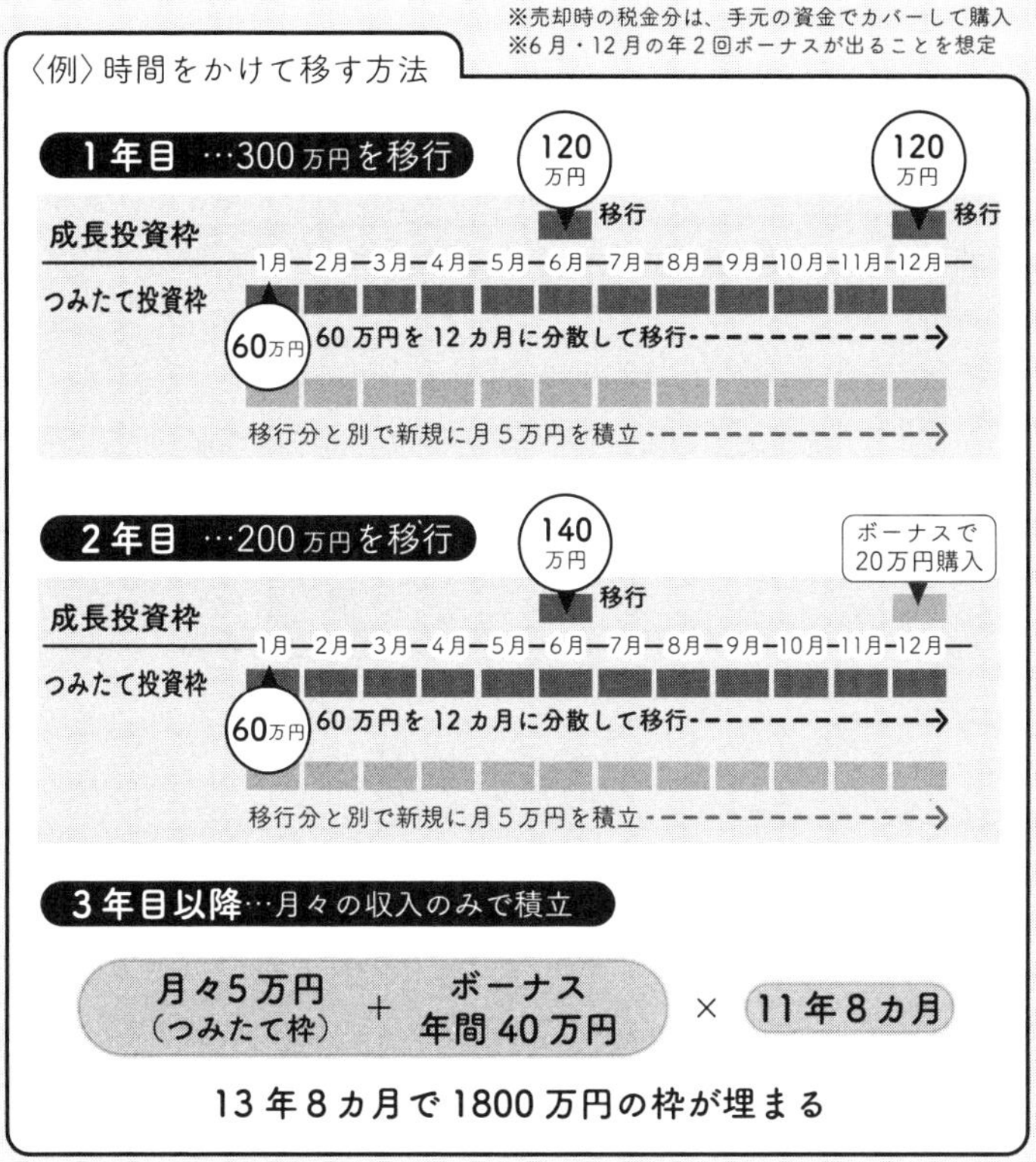

※売却時の税金分は、手元の資金でカバーして購入
※6月・12月の年2回ボーナスが出ることを想定

Check Point

毎月の追加投資額を30万円以上確保できるという方は、ごくごく少数派でしょう。そのため、既に課税口座で投資をしている場合は、一旦売却して新しいNISAへ移すことが多くの方にとって最適解となります。

複数年にわたって投資を続けていると、いろいろな商品を買い続けてごちゃごちゃになっているケースも多いため、これを期に手持ちの商品を整理するのも良いですね。

移行の際、損失が出ている商品があれば「損益通算」を意識して売却すると良いですね。
新しいNISAを大いに活用していきましょう！

積立投資を始める準備が整った初美さん。

早速始めるぞ！　と思ったところで、ふとした疑問が湧いてきました。

「いったい、いくら投資に回せばいいんだろう？」


今ある貯蓄から、どれくらい投資をするのが良いの？

月々、どれくらい投資をするのが良いの？

投資に回せるお金を増やすには、どうしたらいいの？


投資に回すお金にまつわる疑問について、一緒に考えていきましょう。

3章

投資に回す お金の考え方

投資に回す金額を決めるために まず何から始めればいいでしょうか？

投資を始める準備はできたのですが、毎月いくら投資に回せばいいのか、全く見当がつきません。

現在は、月々いくらずつ貯蓄をしていますか？
ボーナスも含めて年間でどれくらい貯蓄ができているか、ざっくりと分かりますか？

えーっと……決まった金額は貯蓄していないんです。
余った分が貯蓄に回るというか……赤字にはなっていないはずですが……。

まずは、お金の流れをしっかりと把握することが大事ですね。
加えて、支出の見直しも行えば、投資に回せるお金を増やすことにもつながりますよ。

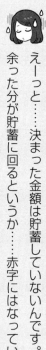

「毎月の食費には、いくら使っていますか?」
「毎月、いくら貯蓄に回していますか?」
「何にたくさんお金をかけていますか?」

こうした質問に即答できるくらいに、自分のお金の流れをしっかり把握できている方は、なかなかいらっしゃいません。しっかりと家計簿をつけていたとしても、答えられない方も多いものです。これは、「家計簿をつける」ことだけで満足してしまい、うまく活用できていないということになりますね。せっかく時間をかけて家計簿をつけていても、活用できていなければ意味がありません。

資産形成をするうえでは、きれいな家計簿をつけることが大事なのではなく、**「お金の流れを把握する」ことが重要**です。全体像が見えなければ、どこに課題があるのかも分からないからです。

まずは、大きなお金の流れをつかむことが、お金の悩みを減らすための第一歩となります。ある意味、投資を始める以上に大事なことなのです。

誰でも簡単にできる方法をご紹介しますので、早速試してみましょう。

1年間のお金の出入りをざっくりつかむ

まずは、あなたの家計の「貯蓄力」を計算してみましょう。

- ・1月から12月までに、通帳に入ってきたお金を合計する
- ・1月から12月までに、通帳から出て行ったお金を合計する
- ・入ってきたお金（収入）－出て行ったお金（支出）＝1年間の貯蓄力

ご夫婦で通帳を分けている場合には、できれば家計全体でチェックをしてみてください。もし、支出の中に積立金や他の金融商品にシフトした分があれば、その分は支出から除いておきましょう。

1年間の貯蓄力を確認したところで、どのように感じたでしょうか。

・少ないと感じたのなら、毎月いくら貯めれば理想に近づくのか？

・意外と多いと感じたのなら、このままのペースで行くのか、それとも増やすのか？

こんな感じで、これからの計画を考えてみるといいですね。例えば、1年後に1週間の海

外旅行に行きたい、５年後に子どもの入学費用があるなど、数年後の具体的な目標を立ててみて、このままのペースで実現できるのかを考えてみましょう。こうすることで、現状を知り、具体的な貯蓄目標が立てやすくなります。

投資や貯蓄の金額は、まずは無理のない「ちょっぴりがんばれば実現できそうな目標」を立てることからスタートしてみてください。貯蓄をすることに慣れてきたら、少しずつ目標を高くしていくぐらいで向き合っていくことが、長続きをさせるコツです。

どんなことにお金を使っているのかを把握しよう

1年間の貯蓄力を実際に計算してみると、「もう少しがんばりたいな」という気持ちになる方が多いです。そうすると、次のステップは、自分の支出にしっかりと向き合い、ムダ遣いを減らしていくこととなります。ひらたく言えば、節約ですね。

まったく家計簿をつけたことがない場合には、まずは3ヶ月分くらいの支出の記録をつけてみましょう。すでにつけているようでしたら、住居費・被服費・光熱水費など、ジャンル別にいくらぐらい使っているのかを集計してみましょう。

といっても、なるべく手間をかけない方法でやりたいですね。まめな方ならともかく、基本的に面倒なことは長続きしないからです。

家計簿アプリを使うと、銀行口座と連携したり、家族で家計簿を共有したりということが、簡単にできるようになります。無料で使えるものでも、普段の支出の傾向を知る上では十分な機能を持っていますので、活用してみてください。

家計簿アプリはたくさんありますが、向き・不向きがありますので、いくつか試してみてお好みに合うものを選ぶと良いでしょう。

もちろん、手書きで家計簿をつける方が性に合っているのなら、無理してアプリを使う必要はありません。続けやすい方法を使って、まずは3ヶ月分のお金の記録をつけて、傾向を把握しましょう。

あわせて、過去1年分のクレジットカードの明細や通帳の記録を眺めてみて、「大きな支出」「年に数回しかない支出」があれば、ピックアップしておきます。

これだけでも、支出の傾向をおおまかにつかむことができてしまいます。

支出の見直しは、大きな費用&固定でかかる費用から手を付ける

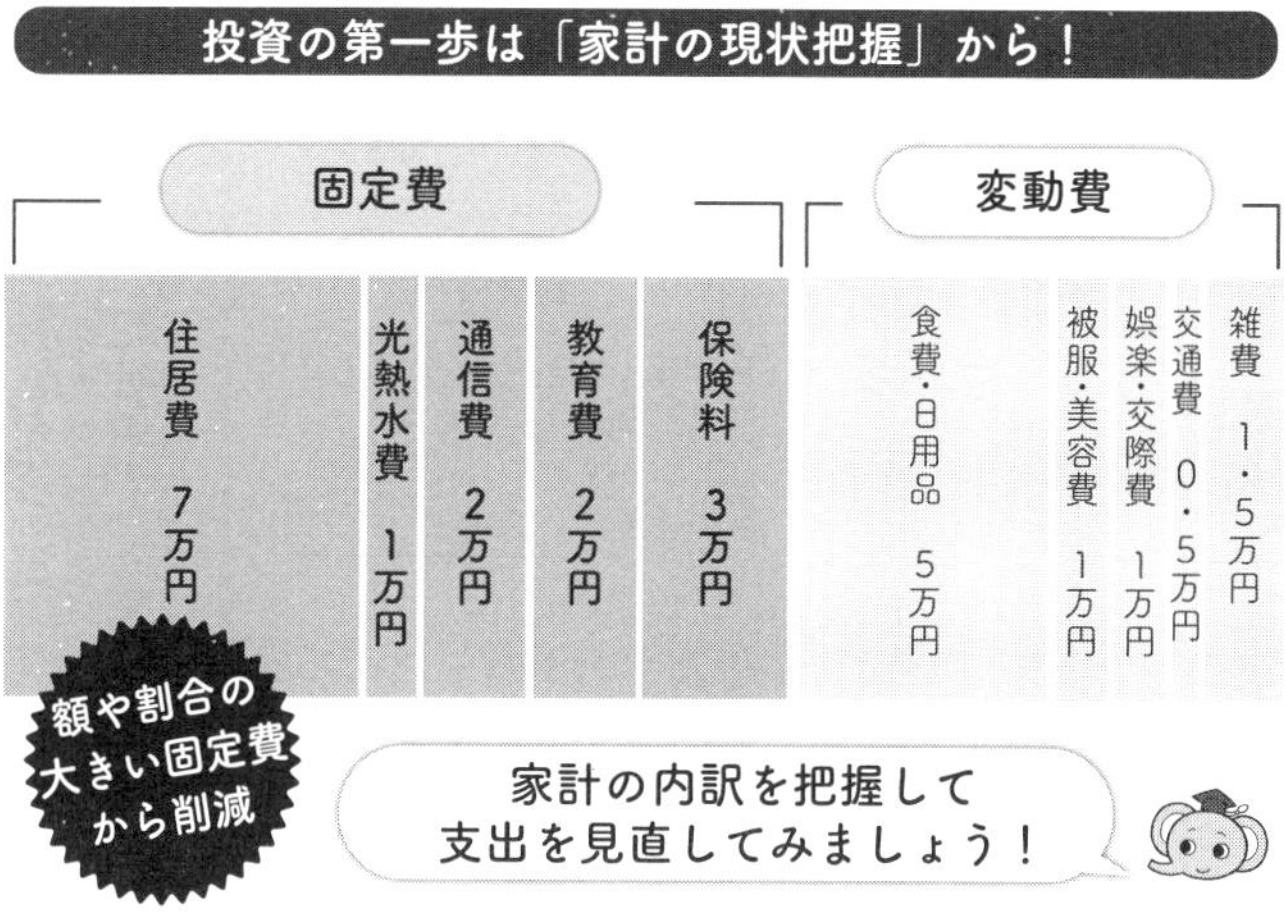

傾向がつかめたら、支出を削れる部分がないかを考えてみましょう。**効果的に支出を削るためにも、大きな固定費に目を向けましょう**。住居費・車の維持費・スマホなどの通信費・保険料などが良い例ですね。

固定費を月に1万円削ることができれば、その効果はずっと続きます。1年間で12万円、10年間で120万円分の削減効果です。こう考えると、やる気が湧いてきませんでしょうか。そして、固定費をしっかり見直すことの重要性が実感できたことと思います。こうしてできた余力で投資に回すお金を増やしていけば、資産形成のスピードが加速していきますよ。

お金の管理が苦手です。手間なく貯蓄できる方法はありませんか？

支出を把握して、なんとなく削れそうなところは見えてきたのですが、次はどんなことをすればいいでしょうか？

次にやると良いのは、先取り貯蓄の仕組みを作ることですね。お給料が入ってきたら、先に貯蓄や投資に回すお金はよけて、残りでやりくりしましょう。

うーん……私、あんまりお金の管理が得意じゃなくて……
カンタンにできる方法はありますか？

銀行の送金サービスやクレジットカードでの積立投資を活用して、処理を自動化してしまうのが楽ですね。

「今月の給与が残ったら、残った分だけ貯蓄する」

このような考え方でいると、まずお金は貯まりません。家に美味しそうなお菓子が置いてあったら、ついついあるだけ食べてしまうなんていうことはありませんでしょうか。それと同じように、手元に「お金がある」状態だと、ある分だけ使ってしまうのが人間の性《さが》というものです。

そのため、**はじめに貯蓄に回す分をよけてしまい、残ったお金で生活費をやりくりする「先取り貯蓄」の仕組みを整えることが、資産形成の第一歩**です。

まずは1年間続けることができれば、お金が増えたことを実感し、貯蓄自体が楽しくなるものです。さらに、残ったお金で生活をする工夫をすることで、お金の使い方が上手になっていきます。このサイクルが出来上がれば、お金が貯まりやすい家計に生まれ変わっていきますよ。

「先取り貯蓄」を仕組み化する方法

無理なく続けるためにも、最初に「シンプルに」「手間をかけずに」続けられる仕組みを作ってしまうといいですね。

お金の管理が苦手な方は、次の3つを心がけてみましょう。

①毎月の給与を、生活費、貯蓄、投資にいくらずつ回すかを決める
②貯蓄用の銀行口座と、生活費用の銀行口座を分けておく
③クレジットカードで積立投資をする

ネット銀行と対面型の銀行口座を1つずつ持っておき、「普段使いの口座をネット銀行にする」「貯蓄用口座を、対面型の銀行（メガバンク、ゆうちょ銀行、地銀、信金など）にする」と使い分ける方法がお勧めです。理由は、それぞれの強みを取り入れることができるからです。

ネット銀行のメリットは、ムダな支出を減らすことができる点です。ネット銀行は、1回あたりのATM利用手数料や振込手数料が安いです。さらに一定の条件に応じて、月に数回は無料で使えるサービスも用意されています。

銀行の各種手数料は、地味に家計を圧迫します。1回あたりの金額は400円程度であっても、10回、20回と回数を重ねることで、数万円単位の支出になるからです。こういうところでお金を使ってしまうと、なかなか貯蓄ができない家計になってしまいますので気を付けたいですね。普段使いのお金は出し入れをする機会も多くなりがちなので、ネット銀行で管理をするのが良いでしょう。

対面型の銀行にお金を置いておくメリットは、2つあります。1つ目は各種手数料が高いので「お金を引き出したくない」という心理的効果が働くこと、2つ目は**災害時の備えになる**ことです。

通常は、キャッシュカードや通帳を持っていなければ、お金を引き出すことはできませんね。しかし、災害発生時などの緊急時には、キャッシュカードなどを持たずに逃げることもあり得ます。

そのため、「災害救助法」が適用されるような大きな災害があった場合には、キャッシュカードや通帳を持っていなくても、本人確認さえできれば銀行の窓口でお金を引き出すことができる特例措置が取られます。一方、ネット銀行のお金を引き出す場合には、店舗がある他の銀行に振り込んでもらい、そこからお金を引き出すという手順を取ることになりますので、ちょっと煩雑です。このように、災害時のリスク管理という意味でも、対面型の銀行にある程度のお金を置いておくと安心です。

さて、2つの銀行口座を準備したら、対面型の銀行からネット銀行への「自動入金サービス」を活用すれば、手間をかけずにお金を動かすことができます。

サービスの名称はネット銀行によって異なりますが、自分名義の他行（メガバンクなど）に入っているお金を、毎月決まった時期に、決まった金額だけネット銀行へ移し替えてくれるサービスを行っているネット銀行が多数あります。

一度、時期と金額を設定してしまえば、あとは自動的にお金が動いてくれますし、手数料も無料のネット銀行がほとんどです。「自動入金サービス」がないネット銀行を使う場合には、対面型の銀行で振込手数料が無料になるサービスを活用するなど、ひと工夫をして**無料で資金移動ができる仕組みを整えましょう**。

例：月額20万円の給与のうち、預金2万円、投資3万円の先取り貯蓄をする場合

①月額20万円の給与を、対面型の銀行で受け取る。

②そのうち、2万円を残して、18万円をネット銀行に移す。

③ネット銀行の資金のうち、毎月3万円をクレジットカードで投資に回す。

投資に回すお金は、クレジットカード払いにしてしまうと手間がかからずに積立投資がで

お金が貯まる仕組みの作り方

給与はまず「貯蓄」「生活費」「投資」に回す金額を決めて自動振り分けをする！

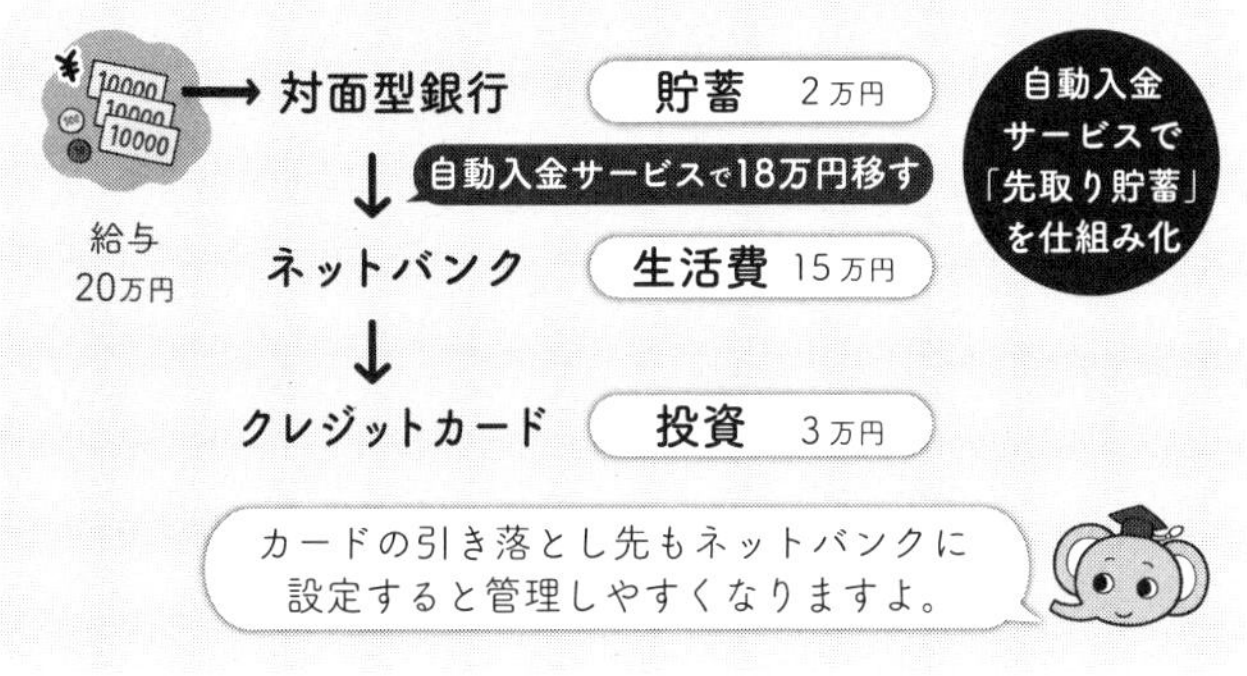

きます。

通常、投資信託やＥＴＦなどを買う場合には、購入するための資金を事前に証券会社の口座に移しておく必要があります。銀行と連携して、資金移動を自動化する仕組みを持っているネット証券もありますが、手作業だとついつい忘れてしまいがちです。

クレジットカード払いで積立設定をしてしまえば、そのような手間がかかりません。さらに、証券会社とクレジットカードの組み合わせによっては、クレジットカードのポイントが付くこともあります。貯まったポイントをさらに投資に回すのも良いですね。

どれくらい預貯金を持っておけば安心して投資が始められるのでしょうか？

投資を始める前には、手元に「それなりの資金」を用意してからが良いと聞きました。
いくらあれば安心して投資を始められますか？

ズバリ、○○円です！　ということを、お答えすることは難しいですね。
自分以外に養うご家族がいるのか、安定した給与が入ってくるお仕事なのかなど、ひとりひとりが置かれている状況によって、考え方が異なるからです。

それなら、自分に当てはめながら考えるためのヒントをください！

いい考え方ですね。どのように考えていけばいいかを知れば、状況が変わったときにも応用が利きます。いくつかのパターンに応じて考えていきましょう。

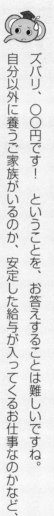

投資を始めることは、人生の必修科目になりつつありますが、やみくもに始めてよいわけではありません。**投資を始める前には、手元に一定額の現金を確保してから始めることが大事です**。

人生には、「想像もしないこと」が起こるものです。突然の病気やケガ、リストラで職を失うなど、さまざまな形で収入が途絶える出来事が起こる可能性があります。

そういうときに、路頭に迷わずに生活を立て直すことができるようにキープしておくお金のことを、**生活防衛資金**と呼んでいます。この生活防衛資金の目安として、よく言われるのが、生活費の3ヶ月分〜2年分です。ずいぶんと幅がありますので、これだけ聞くとかえって迷ってしまうかもしれませんね。

生活防衛資金を、毎月の収入ではなく「生活費」をベースにして考えている点に注目してみましょう。年収が400万円の方でも、**月々の生活費が15万円の方と20万円の方では、用意しておくべき生活防衛資金は異なります**。

最低ラインが3ヶ月分と言われるのは、雇用保険（失業手当）の支給開始時期とリンクします。雇用保険に加入していた方が自己都合で退職をした場合、失業手当を受け取ることが

生活費と生活防衛資金の考え方

生活費	月15万円の場合	月20万円の場合
3か月分	45万円	60万円
半年分	90万円	120万円
1年分	180万円	240万円
2年分	360万円	480万円

月々の生活費が違うと
必要な生活防衛資金も変わってくる

できるまでには、退職後にハローワークで手続きをしてから2ヶ月ほどかかります。その間、転職活動の交通費などがかかることを考えると、余裕をもって3ヶ月分の生活費は確保しておきたい、という考え方です。

個人事業主など、もともと失業手当が出ない働き方をしている場合には、この考え方は当てはまりませんね。事業の立て直しや再就職までの期間として、何ヶ月を見ておきたいか？　というように、実際の場面をイメージしながら、自分に合った備えについて考えていくといいでしょう。

ケース1：単身世帯の場合

単身世帯の場合には、「自分の生活が成り立つか？」というシンプルな視点となりますね。

会社勤めをしていて、転職しやすいスキルをお持ちの場合であれば、生活費の3ヶ月分を備えておけば十分かもしれません。一方で、手元の蓄えが減り続ける状況というのは、心理的なストレスになることも考慮しておきたいですね。余裕を失ってしまうと間違った判断をすることにつながりますので、不安が募って夜も眠れなくなる……というタイプの方の場合は、半年分や1年分など、少し余裕を持って備えておくのがいいでしょう。

ケース2：DINKs世帯の場合

夫婦共働きの場合には、月々の生活費が20万円だったとしても、その負担割合に応じて、個人単位での生活防衛資金は変わってきますね。

例えば、夫が13万円、妻が7万円というような負担割合でしたら、それぞれの再就職までの見込み期間に応じて、生活防衛資金を備えていくという方法もあるでしょう。

片方に万が一のことがあった場合に配偶者がカバーできるのは、共働き世帯の強みですので、世帯全体で考えていくのがいいですね。ただし、ご夫婦で同じ会社に勤めているなど、同時に職を失ったり、同時に賞与の減額を受ける可能性が高い環境でしたら、少し余裕を持った形で備えておくことを心がけておくと安心です。

ケース3：お子さまがいる世帯の場合

基本的な考え方は、ＤＩＮＫｓ世帯と同じです。ただし、お子さまがいる世帯の場合には、お子さまの養育費の支出と家電製品の買い替えのタイミングが重なるなど、大きな支出が集中する可能性が高まります。そのため、直近3年くらいでまとまったお金を使う可能性がある場合には、生活防衛資金と別枠で備えておくと安心です。

万が一のことがあっても、お子さまが安心して学校に通えるように、余裕をもって備えておきたいところですね。

今までの考え方をヒントにすると、1つの目安として「まずは１００万円の貯蓄を目指す」というのが、分かりやすい考え方かもしれません。

１００万円と聞くと、ものすごくハードルが高く感じるかもしれませんが、ゼロからのスタートでも毎月2万円、ボーナスから年26万円を貯めれば、2年間で達成できる金額です。ご自身の状況や性格などを勘案して、いざという時に冷静に対処できる資金を貯めることを目標に据えてみてください。

最後に、重要なポイントを1つお伝えしておきます。

「月々の生活費」をベースにして、生活防衛資金を備えていくこととなります。そのため、上手に節約をして、月々の生活費を抑えることができれば、

・現金で持っておくべき生活防衛資金を減らすことができる

・家計に余力ができて、月々投資に回すことができるタネ銭が増える

このような相乗効果が生まれますので、お金が貯まりやすく、増えやすい家計を作ることができます。

ぜひ、無理のない節約術を取り入れて、支出の見直しをしていきましょう。

預貯金が少なかったら投資を始めてはいけないのでしょうか？

恥ずかしながら、手元の貯金はほぼゼロの状態です。
私には、投資を始める資格はないのでしょうか？

お金の流れを見直してみましたよね。それをふまえて、
今後は毎月安定した金額を積み立てることができそうですか？

はい！　正社員として働いているので毎月の給与はだいたい安定していますし、
毎月3万円の積立はキープできることが分かりました！

それならば、始めたいと思った気持ちを大切にして、
貯蓄と投資を並行して始めてみてはいかがでしょうか。

生活防衛資金の重要性は分かったけれど、今は手元の貯蓄がほとんどない。せっかく「投資」を始めようと思ったのに、始める資格すらないのかな……。

もしかしたら、このように考えて、落ち込んでいる方もいらっしゃるかもしれません。

確かに、生活防衛資金を貯めることは、長期的に投資を続けるためにも、絶対に欠かすことができない条件です。一方で、何か新しいものごとにチャレンジしたいと思った時には、その思いが強いうちに行動を起こしておかないと実行できなくなることがあるのも実情です。

こういう時には、**「生活防衛資金の準備」と「投資」を同時に始めてしまう**という方法が良いですね。これから毎月3万円ずつの積立が可能なら、例えば

・2万円は、預貯金をする
・1万円は、投資をする

というように、金額を分けて両方同時に始めてしまうのです。

ただし、その場合には、**生活防衛資金の準備を優先**させましょう。預貯金に回す金額の比率が多めになるように、内訳を決めていくのが良いですね。

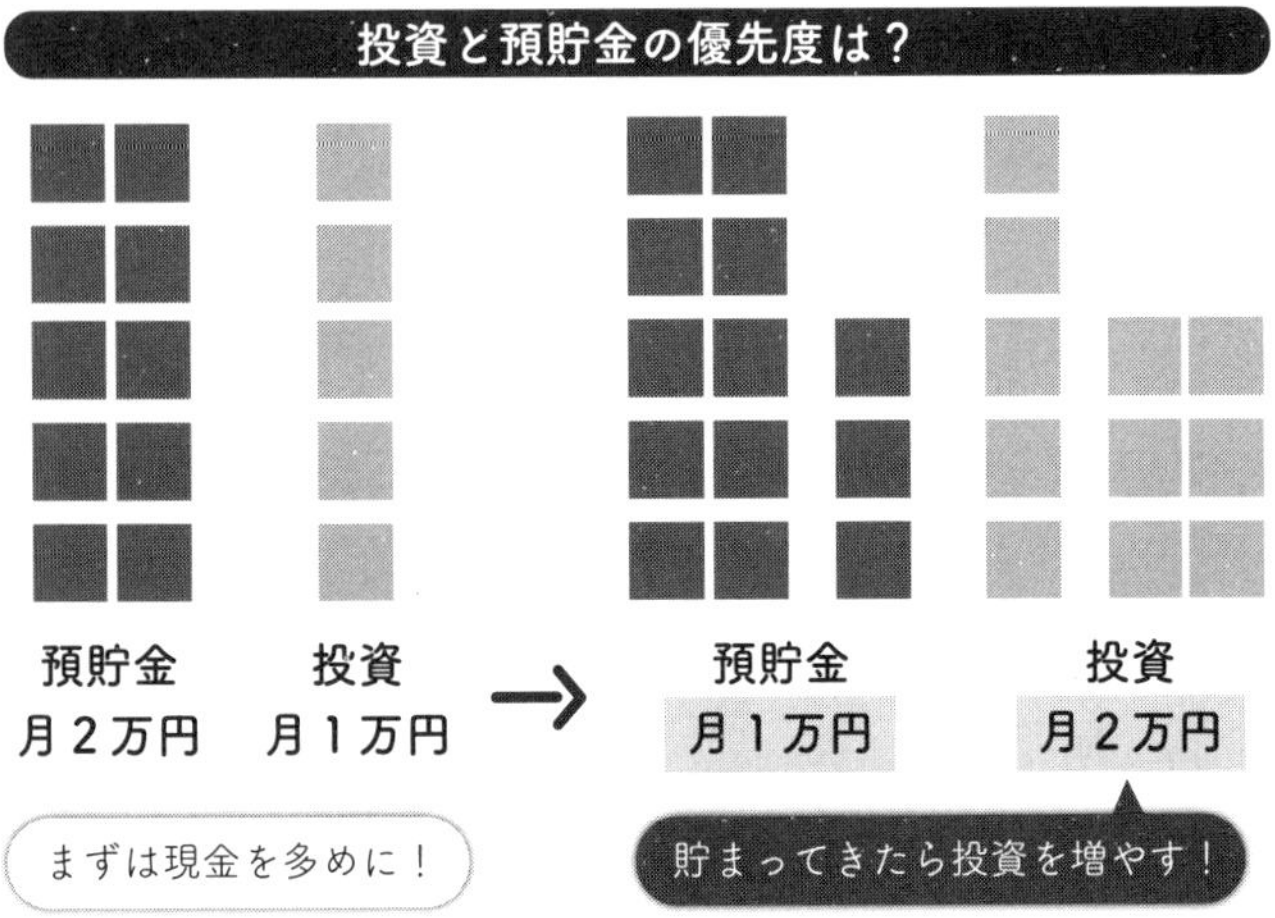

生活防衛資金の準備は、月々の積立だけでなく、ボーナスからの追加貯蓄も視野に入れ、まずは第一目標となる「生活費の3ヶ月分」が早めに達成できるようにがんばってみましょう。

第一目標をクリアしたら、例えば

・1万円は、預貯金をする

・2万円は、投資をする

というように、**投資に回す金額の比率を上げていくのも1つです**。このように金額の比率は変えつつも、ご自身の状況にあった「生活防衛資金」が貯まるまでは、一定額の預貯金を続けていきましょう。

米国株式指数の積立投資は、最初の準備だけは時間がかかりますが、あとは基本的にほったたらかしとなります。しっかりと投資方針を決めて、定期買い付けを始めておけば、その後に投資金額を増やすことは、とっても簡単にできます。

少しでも早くから投資を始めておけば、相場に慣れるという経験が積めますので、小さな金額から早めに始めておくことで得られるものは大きいです。

「機会損失」という言葉を聞いたことがあると思います。ビジネスではよく言われる話ですが、資産運用をする場合にも意識しておきたい考え方となります。

「生活防衛資金がない」という理由で、全く投資を始めないことによる「機会損失」と、熱意が薄れてしまって投資を始めることができなくなるというリスクがあるのなら、無理のない範囲で小さく始めておくという考え方には合理性がありますね。

月に500円の投資でも老後資金の準備は可能でしょうか？

投資を始めることにしましたが、やっぱり不安が残っています。
まずは月500円でやってみようと思っていますが、どうでしょうか？

最初の一歩を踏み出すことは素晴らしいですね。
小さく始めて少しずつ慣れて行き、徐々に投資額を増やしていかれるといいですよ。

月500円でも、時間をかければ資産は増やせますよね！
これで老後も安泰でしょうか？

なるほど、老後資金を準備したいのですね。
それなら一度「月500円投資」のシミュレーションをしてみた方がいいでしょう。

月500円投資のシミュレーション（30年後）

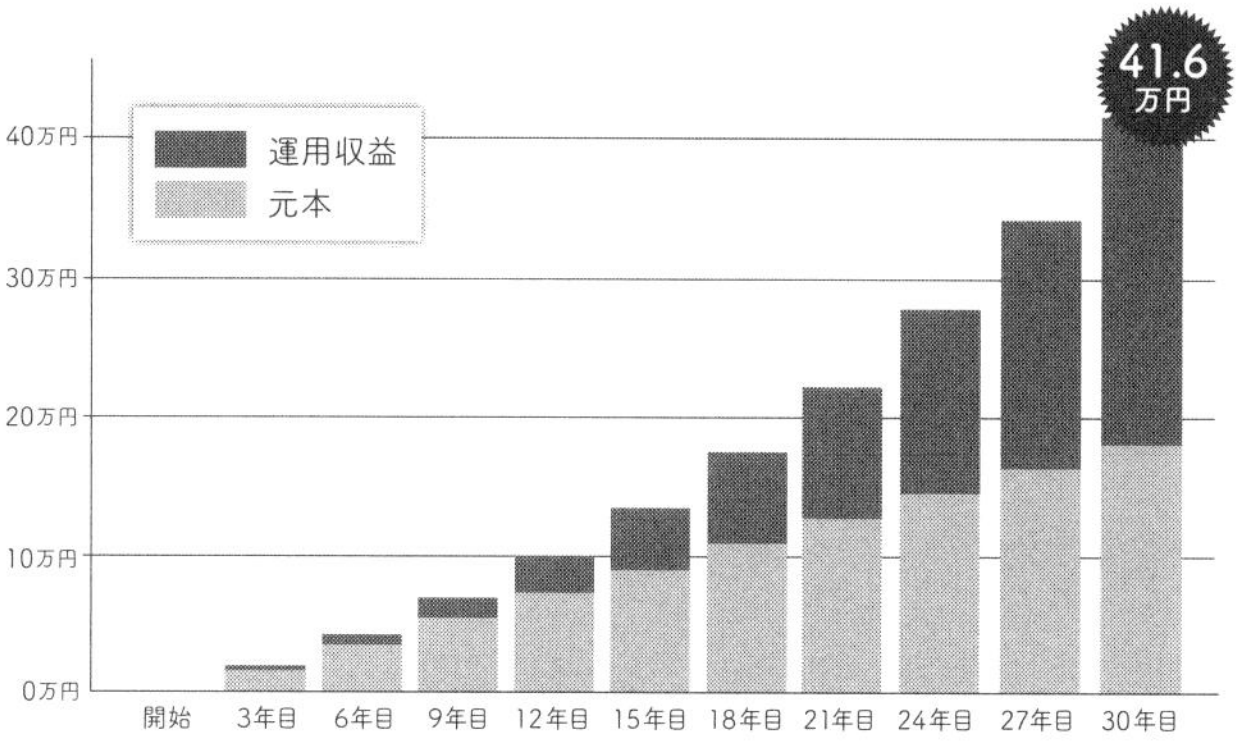

月５００円からでも「投資を始めてみる」ということには、大きな意義があります。身銭を切って投資をすることで、相場の上下によってどのように感じるのか、どれくらいの下げ幅なら耐えられそうかという、メンタル面でのご自身の耐性について、より具体的に考えられるようになるからです。

しかし「経験値のアップ」という視点ではなく、実際の資産形成へのインパクトを求めるのなら、一度しっかり検証してみる必要があります。

仮に、30歳から60歳まで、月々５００円を30年間投資した場合、いったいどれくらいの資産になるのでしょうか？

年率５％で運用ができたものとして、シミュレーションをしたものが上のグラフです。30年後には約42万円になるという結果になりました。「なんだ、

年率５％で30年間運用した場合の違い

積立額	投資元本	運用収益	最終積立金額
月１万円	360万円	472万円	832万円
月２万円	720万円	945万円	1665万円
月３万円	1080万円	1417万円	2497万円
月４万円	1440万円	1889万円	3329万円
月５万円	1800万円	2361万円	**4161万円**

「何年後にいくらほしいか」という目標を設定のうえ
月々のつみたて額を決めるといいですね。

少ないじゃないか！」と感じたのではないでしょうか。

月々５００円の投資だと、年間の投資元本は６０００円になります。30年後でも、投資元本は18万円です。投資元本18万円に対して、運用後の資産は42万円になっているのですから、倍以上に増えています。それでも総額で見るとインパクトは薄いですね。**長期投資でしっかりと資産を形成しようと思ったら、ワンコインではなく、ある程度まとまった金額を積み立てる必要がある**のだということです。

年率５％で30年間運用した場合の比較表をご覧ください。月々２万円以上の積立投資ができれば、30年後には１０００万円を超える資産が準備できそうだということが分かります。これなら資産形成としてのインパクトが出てきますね。

まずは、何年後にいくら準備をしたいのか、目標を立てることから始めてみましょう。いったん仮の目標を立てたら、実際に月々の積立額をシミュレーションしてみます。金融庁のＷｅｂサイトには、資産運用のシミュレーションができるツールがありますので、だれでも簡単にシミュレーションができます。

目標が定まったら、ある程度まとまった金額を、余裕を持って投資をすることができるように**投資用の資金を作ることが大切**です。いわゆる投資の「タネ銭」と呼ばれるものですね。投資への不安が拭えないのなら、まずは月５００円投資で相場に慣れながら、しっかりと「タネ銭」が作れる家計の構造を作っていきましょう。そして、投資額を徐々に増やしていくことで、資産形成を進めて行くのが良いでしょう。

月5万円のお金を自由に使えます。どのように投資をしたらいいですか？

さらに支出を見直したら、毎月5万円、自分で自由に使い方を決められるお金ができました。これは全額投資をするのがいいでしょうか？

生活防衛資金も、別にしっかりと準備をされているのですか？

6ヶ月分の生活費くらいは貯まりました！
投資にも少し慣れたし、儲かるならたくさん投資した方がいいような気がします。

慌てず段階を踏んでいくのがいいですね。さらに、お金を増やすことだけでなく「自分への投資」にも目を向けてみると良いですよ。

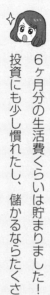

月5万円投資のシミュレーション（20年後）

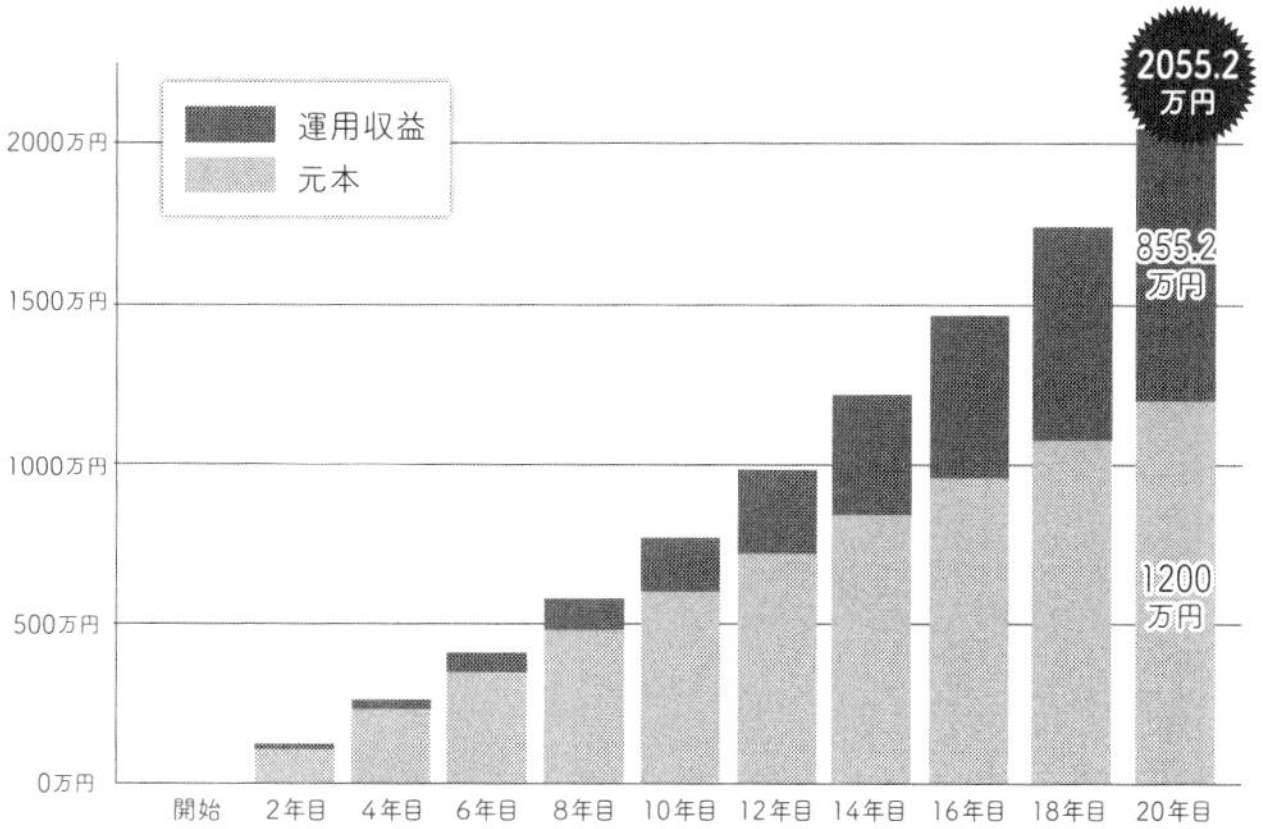

毎月5万円を自由に使えるのなら、5万円全額を投資に回してしまうというのも、1つの考え方ではあるでしょう。仮に、毎月5万円の積立を20年間続けて、年率5％で運用ができたとしたら、約2000万円（注：税金は考慮していません）が準備できる計算となります。老後2000万円問題は、これでクリアできてしまいますね。

ただし、株式投資の場合には、相場の状況によって株価が大きく下落することも想定しておかなければなりません。タイミングによっては、直近の高値から半値になってしまうということも十分にあり得るのです。

そのため、**半値になったとしても、時間をかけて持ち続けることができる範囲で投資を行う**くらいの心持ちでいることが大事です。始めたばかりの時は、**自由に使えるお金の全額を投資に回すのではなく、7割くらい**にするなど、少し様子を見ながら始めてみると安心ですね。

実際の値動きに心が耐えられるかどうかは、経験してみないと分からないところがあります。よく言われる「リスク許容度」というものは、なかなか数字だけでは測れないところがあるのです。

「今しかできないこと」への投資もしてみよう

貯蓄や投資でお金を増やしていくことも大事ですが、同時に「今しかできないこと」「新たな経験を積むこと」にお金を使っていくことも、視野に入れておきたいですね。いわゆる自己投資のことです。

自己投資とは、自分の能力や人間性の成長のためにお金や時間、労力を費やすことです。これだけを聞くと、ものすごくハードルが高いことのように感じるかもしれませんが、それほど難しく考える必要はありません。

今まで読んだことがないジャンルの本を読んでみる、異業種の方も参加するようなセミナーに参加してみる、今までに行ったことがない美術館や博物館を訪れてみる、気軽に行けるけれど行ったことがない地域に旅をしてみる、地域のボランティア活動に参加してみる……。

このように、意識せずに日々の生活をこなしていると、なかなかできないようなことにチャレンジしてみることが「自己投資」につながります。

自由に使えるお金がしっかり準備できる場合には、その一部分を、こういう経験のために振り向けてみると、視野が広がって人生が豊かになっていきます。しかも、こうした経験は、そこまで大きなお金をかけずに、月に数千円の支出でもできてしまいます。

特に、同じ会社に長い間勤めていると、同じような世界を見ている人たちとばかり話をするようになりがちです。そうすると、価値観が固定されやすいですね。

SNSなども同様で、フォローや発言の傾向に応じて、次第に同じような考え方の人が発信する情報がたくさん集まってくるようになると、あたかもそれが「常識」のように感じてしまうことがあります。そうすると、俯瞰で物事が見られなくなる危険性もありますね。

お金は、増やしながら上手に使いたいものです。**広い意味での投資も含めて、月5万円というお金を有効に活用していくにはどうするのがよさそうか**、ぜひご自身に合わせて考えてみてください。

生前贈与で300万円もらいました。儲かるなら全額一気に投資すべきですか？

実は、祖母から生前贈与として300万円をもらいました。
思わぬ大金に驚いています。

それは大切に活用したいお金ですね。今はどうしたいとお考えですか？

積立投資は自分のお金で続けられそうですし、もっともっと増やしたいので、全額を一気に投資に回すのがいいのかなと思っています。
ただ、金額も大きいし、タイミングが難しいな……と。

投資にはリスクがあることを忘れてはいけませんね。一括で投資するのが本当によいのかも含めて、「資金管理」という観点から考えてみましょう。

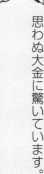

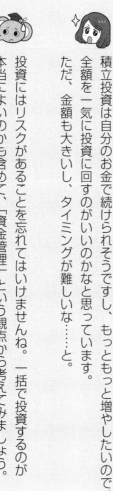

投資にチャレンジしたばかりのときに、意外とやってしまいがちなこととして、「手元の資金を一気に投資に回してしまう」というものがあります。

投資に回せば儲かるのだから、当面使う予定がないお金は全額投資をしてしまえば良いだろうと考えてしまうのですね。

ちょっとくらいの値下がりでは動じないから大丈夫だと思っていても、多くの方は、実際に値下がりをすると動揺してしまいます。そして、狼狽売りをしてしまうのです。私は多くの方から投資にまつわるお話を聞く機会がありますが、そのような事例をたくさん見聞きしてきました。それくらい、想像と実際の経験では大きく印象が異なるということなのです。

トレンド相場とボックス相場

投資をすれば、いつでも右肩上がりに資産が増えるというイメージだけが先行しがちですが、実際の相場には、大きく2つの状態があります。それは「トレンド相場」と「ボックス相場」です。

トレンド相場とは、小さな上げ下げはありつつも株価が右肩上がり（あるいは右肩下がり）

トレンド相場とボックス相場

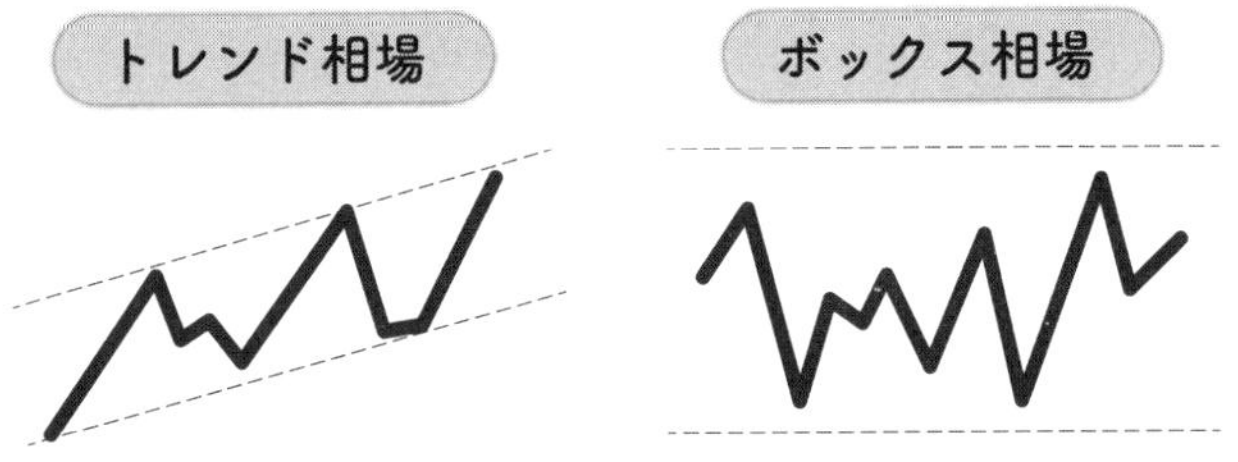

小さな上下はあるが
右肩上がり（下がり）の相場

一定の幅の中で
上下を繰り返す相場

になる相場のことです。20年や30年など、長いスパンで米国株式指数（S&P500）のチャートを見てみると、右肩上がりのトレンド相場になっているのが分かります。

しかし、1年や2年という短期的なスパンで見ると、一定の幅の中で上がったり下がったりを繰り返す「ボックス相場」になっていることもあります。または、下降トレンドに入っていることもありますね。

もし、株式投資を始めたタイミングが「ボックス相場」の時で、たまたま割高の時に大きな金額を入れてしまうと、メンタル面でのダメージが非常に大きくなります。

次のページの1年チャートを見ながら、もし2022年1月初頭に手元の資金を一括で入れていたら、どうなるかを想像してみてください。資産が増えたり減ったりしつつも、元の値段に戻ることもなく、マイナスの状態が9ヶ月以上続いてしまうことが見えてきます。「投資を

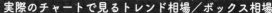

実際のチャートで見るトレンド相場／ボックス相場

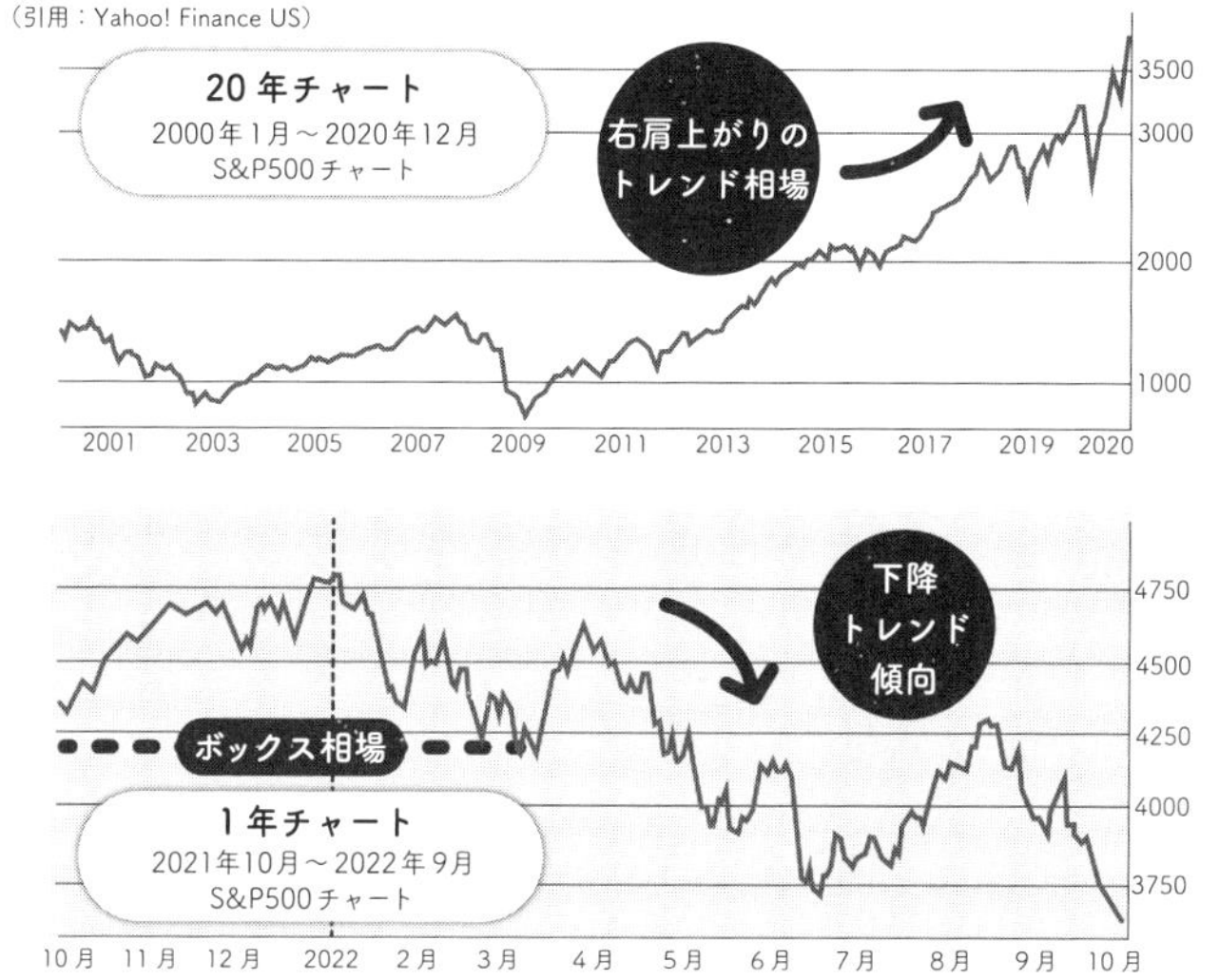

すれば、資産が右肩上がりに増える」というイメージを持っていた場合には、かなり耐えがたい状況でしょう。

それでも平常心を保ち、長期間持ち続けることができれば、将来的には大きく上昇するかもしれません。しかし、実際には時間をかけて待つことができず、怖くなって売却をしてしまう方が多いということです。

20年、30年のスパンで見れば、上昇が期待できる株式指数を選んで投資をしていたとしても、投資を始めるタイミングによって「見える景色」が違うということは、ぜひ頭に入れておいてください。だからこそ、無理のない範囲で、時間を分散しながら投資に回す金額を増やしていくのが安心なのです。

投資額が大きいほど、下落時の影響が大きくなる

投資をした場合、年率○%というように、リターンは割合で変化していきます。そのため、投資をしている金額が大きくなればなるほど、マイナスになったときに影響を受ける金額は大きくなります。

10万円の20%ダウンは、2万円の損失
100万円の20%ダウンは、20万円の損失
1000万円の20%ダウンは、200万円の損失

だからこそ、投資をしている金額が多くなればなるほど、資金管理が大事になってきます。資金管理とは、自分が投資に回せるお金のうち、実際に投資に回すお金をどれくらいにするのかを考えておき、管理することです。

投資でしっかり成果を出している方の多くは、この資金管理をとても大事にしています。仮に、300万円を全額投資して、20％の下落が発生したら、その時の資産総額は240万円になってしまいます。60万円の損失ですね。

一方で、300万円のうち、半額の150万円を投資していて、150万円は現金で持っていた場合はどうでしょうか。20％の下落が発生した場合でも、その時の資産総額は270万円となります。損失額は30万円ですので、メンタルダメージは和らぎます。これが資金管理をすることにより、得られる効果です。

ある程度まとまった金額を投資に回すようになってきたら、株式と債券（または現金）の比率を7対3くらいにしておくと、「資産を守りながら増やす」うえで心地よい比率となります。ただし、感じ方は人それぞれですので、少しずつ調整していくのがいいでしょう。

まとまったお金がある場合でも、少しずつ時間をかけて投資をしていく。そして、手持ちの現金をすべて投資に回すのではなく、一定額の預貯金を手元に残しておく。これこそが、長きにわたり投資を成功させる秘訣だということを、ぜひ覚えておいてくださいね。

無事に投資を始めることができた初美さん。

これで安心……と言いたいところですが、投資を続けていく中で、いろいろな迷いが生まれてきたようです。


この章では、ゼロから投資を始めた後のお悩みと、上手に向き合うためのヒントをお届けします。

事前に頭に入れておけば、安心して長期投資が続けられるようになりますよ！

4章

投資を始めた後の心構え

株式投資を始めた後は どんなメンテナンスが必要になりますか？

ほったらかしでOKと言われても、何かしらやらなきゃいけないことはあるような気がします。まずは、毎日株価をチェックしておくのが良いでしょうか？

日々の株価の動きを見て一喜一憂していても、あまり意味はないですね。半年に1回くらい「資産全体の比率」を確認するくらいで大丈夫ですよ。

資産の比率を確認したら、その後はどんなことをすれば良いのでしょうか？

崩れてしまった資産の比率を元に戻すことを「リバランス」といいます。この「リバランス」を必要に応じてきちんと行っておきましょう。ただし、やりすぎには注意が必要です。

株式投資を始めると、誰もが陥る罠があります。それは「何かをやらないといけない」と考えてしまうことです。真面目な方ほど、そのように考える傾向がありますね。

日々の株価をチェックし、ニュースやSNSなどでたくさんの情報を見ていると、なんとなく先の動きが読めるようになった気がしてきます。その結果、頻繁に売買を繰り返してしまい、損をしてしまうというのは本当によくある話です。

何もせずにほったらかしておくということは、作業レベルで見れば簡単です。しかし、実際に何もしないでいることは、とても難しいところがあるのが実情です。日々の株価や為替の動きを細かく追いかけ続けてしまうと、冷静な判断ができなくなることが多く、その結果、ムダに売買をしてしまうのですね。

もし、個別株への投資をするのであれば、四半期ごとに企業の決算情報をチェックするのはマストです。しかし、**株式指数に投資をしている場合には、「資産の比率」を時々確認して、ゆるやかにメンテナンスをするという心持ちでいれば十分**です。

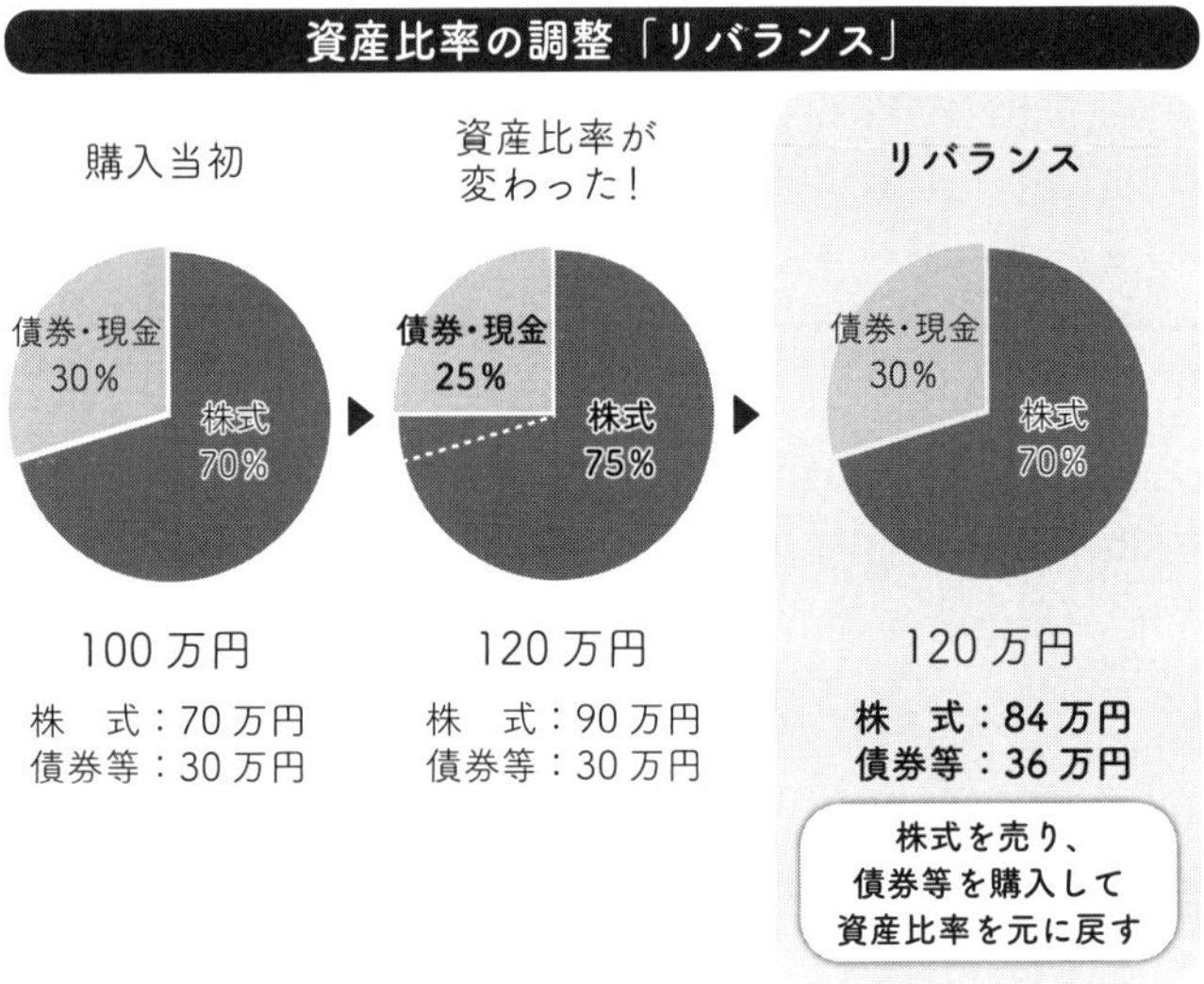

やるべきことは資産の比率のチェック

毎月一定の金額で投資信託などを購入していたとしても、価格が変動することにより資産の「比率」が変わっていきます。

仮に、株式が70％、債券・現金が30％になるように、積立金額の設定をしていたとしても、株式の資産価値が上昇すれば、株式75％、債券や現金25％というように、資産の比率が変わっていきます。

このような場合に、比率が高くなりすぎた分を売却するなどで、もとの配分に戻すことを**「リバランス」**といいます。

定期的にリバランスを行うことで、気が付けば株式が資産の8割～9割を占めていた……というような、「リスクの取りすぎ」を防ぐことができます。

逆に、株価が下がっている時にリバランスをすれば、「安いときにたくさん株式を買う」ということが自然にできてしまいます。

これを繰り返していくことで、株価の上下動に惑わされることなく適切なリスクを取りながら資産を増やしていくことができるのが、リバランスを行うメリットです。

リバランスはどれくらいのペースで行うのか

リバランスを行う頻度については様々な考え方がありますが、最も無難でやりやすいのは、**「半年に1回比率を確認し、必要があればリバランスを行う」**という方法です。

売却をしてリバランスをすると、もし課税口座で運用していた場合には利益の約2割に対して課税されてしまいますので、パフォーマンスに与える影響は小さくありません。

そのため、積立額を減らして調整する、または、手元の資金から追加で投資をするなどの方法で、なるべく売らずにリバランスを行うことが基本となります。これを**「ノーセルリバランス」**と呼んでいます。

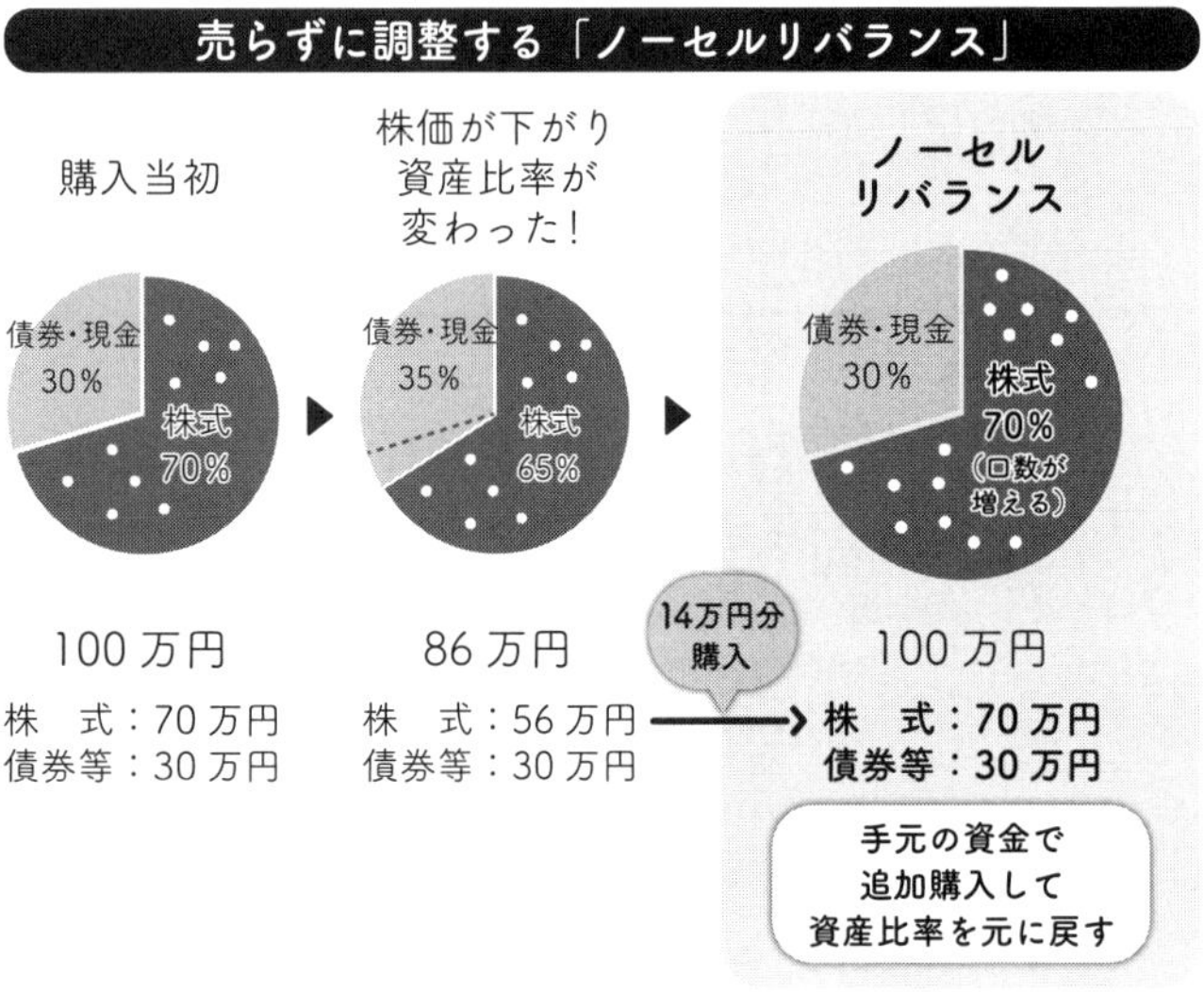

会社員の方の多くは、年に2回、ボーナスが出ることと思います。ボーナス月であれば、ある程度まとまったお金が入ってきますので、追加入金によるリバランスにも対応がしやすいですね。また、仮に一部を売ってリバランスをすることになった場合でも、半年程度であれば乖離幅が比較的小さいので、課税口座で運用していたとしても課税によるダメージを抑えることができます。

ただし、あまり細かくリバランスをしてしまうと、余計な売買が増えてしまいますので、注意が必要です。

リバランスをするかどうかの判断は、

5%の乖離を1つの目安にされると良いでしょう。

株式70%、債券・現金30%で投資をしていた場合、株式が65%、債券・現金が35%になったら、追加投資をすることで元の比率に戻すといった具合です。

さらに、**投資に回している資金がそれほど大きくないうちは、神経質にリバランスをする必要もありません**。それは、手元にある資産全体で見ると、株式投資をしている部分の比率が小さいからです。

例えば、生活防衛資金は別に1~2年分確保していて、月々3万円の積立を始めたばかりという状況であれば、資産全体に占める株式の割合は小さいはずです。このような場合には、投資している資金が5%以上増えても減っても、リバランスを気にすることなく、当面の間は淡々と積立を続けていくだけで十分です。むしろ積立のことは忘れてしまって、他の大切なことのために時間を使うのがいいですよ。

株価が下がると、どこまで下がるのか不安になります。

株価が下がり続けているようで、「米国株式市場は大幅続落」というニュースを目にします。これからどこまで下がるのか不安になってきました。

なるほど。投資を始める前に「どれくらいまで下がる可能性があるか」をイメージしてみたりはしましたか？

下がることがあるのは分かっていましたが、あまり具体的には考えていませんでした。いざ自分の資産がマイナスになると苦しいものなんですね。

投資をしていると、資産額が大きく変動したり、時にはマイナスになることは起こり得ます。リスクとリターンの関係性を押さえておきましょう。

株価が大きく下がったときは、誰でも心穏やかではなくなりますよね。特に、ずっと預貯金だけで資産形成をしてきた方の場合は、「資産が減る」という経験がない分、想像以上に心理的ダメージを受けることがあります。

きちんと市場に残り続けること、つまり投資を長く続けることが成功の秘訣です。値動きに動揺しないようにするために、一度、具体的にシミュレーションをしてみるとよいですね。そのためには、投資におけるリスクとリターンの関係性について、きちんとポイントをつかんでおくことが大事です。

リスクとは、危険なことではなく「ブレ幅」を指す

リスクという言葉を聞くと、危険なものや怖いものという意味を真っ先に思い浮かべると思います。しかし、投資でいうリスクとは、「ブレ幅」のことを指します。

この「ブレ幅」は、統計学上の指標の1つである「標準偏差」というもので表されます。この標準偏差（リスク）は過去のデータから計算されていますが、株式の場合には、10%〜20%程度となることが多いです。特に海外の株式の場合には、円換算をしたときの為替の影

「リスク（ブレ幅）」と「リターン」

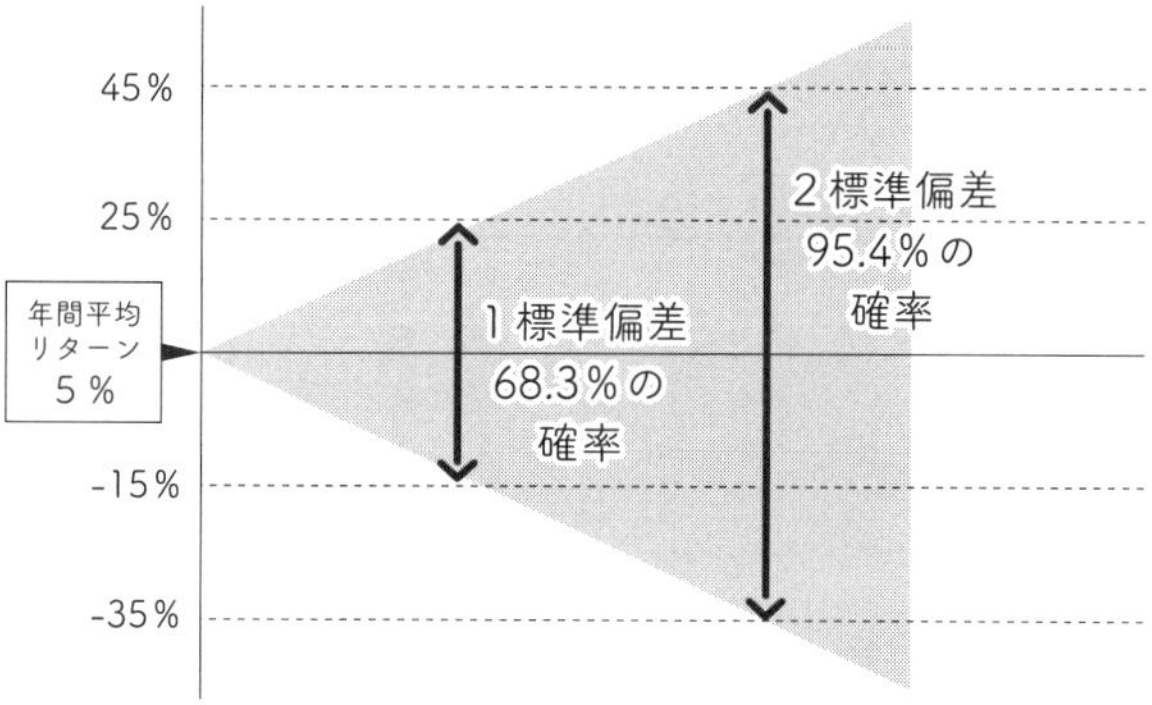

ブレ幅も含めたシミュレーションはこちらで行うことができます。
「明治安田アセットマネジメント　投資シミュレーション」
https://www.roboadsimulation.qri.jp/myam/simulation

響も受けますので、ばらつきは大きくなります。そのため、おおむね20%程度のリスク（ブレ幅）があるものと見込んでおくのが良いでしょう。

リターンとは、途中の過程は無視して結果から逆算した「利回り」を指す

一方のリターンは、シンプルに利回りのことです。ただし、この利回りは、次のような順番で計算されます。

①まずは運用をした一定期間のトータルで、どれだけ増えたかを算出する

②その増えた分が、運用した期間中に複利計算で増えたとしたら、年率何%にあたる利

益だったのかを計算する

つまり、運用している期間中の紆余曲折については、一切考慮していないわけですね。仮に、20年間で年率5％のリターンという結果だったとしても、最初の3年はマイナスが続いていたのかもしれないですし、最初の数年は年率10％以上の含み益だったものの、最終的には年率5％に落ち着いたのかもしれません。

そのため、期待される「リターン」と、その途中経過でどれくらいのブレ幅がおきるのかという「リスク」の両面に着目して、予測を立てておく必要があるということです。

・最も結果が悪いときは、リターン－（リスク×2倍）になることがある
・最も結果が良いときは、リターン＋（リスク×2倍）になることがある

この考え方で計算すると、算出した範囲内に収まる可能性が、95・4％になります。要は「ほとんど外れることはない」と考えられるくらいの精度になるということです。

リターンが年率5％、リスクが年率20％の場合を当てはめると、**▲35％～45％の範囲内で値動きしながら、最終的には年率5％分に相当する利益が得られる見通し**だと考えられます。

100万円が一時的に65万円になるかもしれないけれど、そういうものだと理解していれば、ちょっとくらいの下落では動じなくなるのではないでしょうか。

S&P500　過去30年の大規模下落

（引用：AERAマネー https://dot.asahi.com/aera/2022051200114.html?page=1）

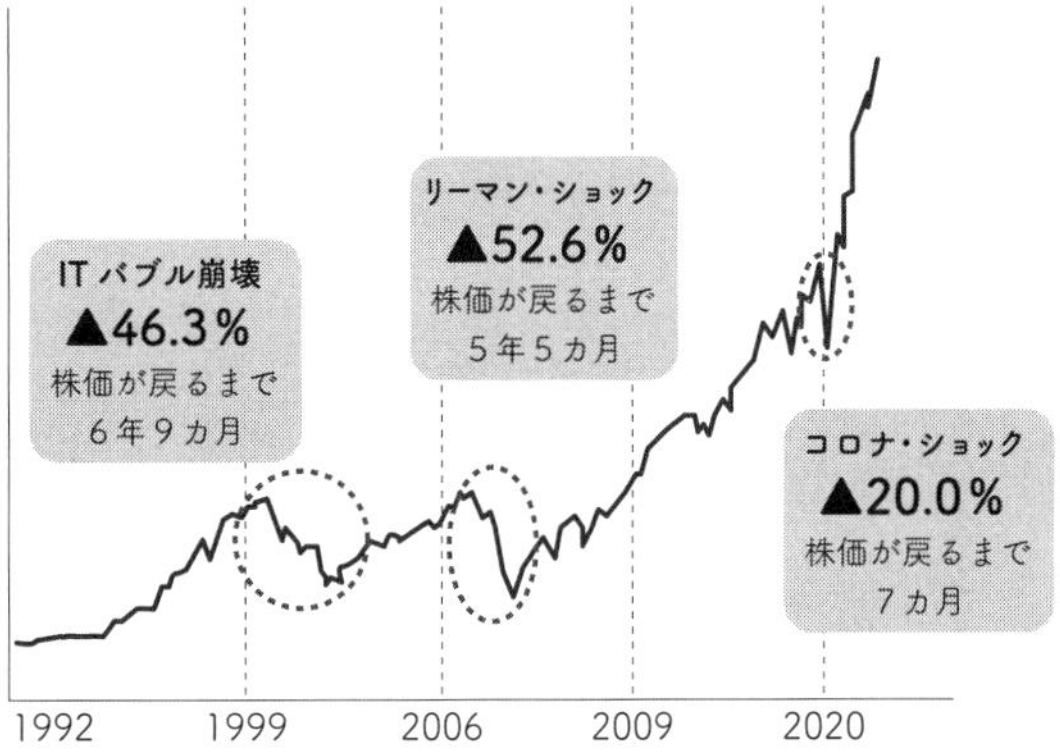

ここまでは、統計学的な観点からのお話でした。

一方で、統計はあくまでも統計で、実際には数字通りにならないこともあるものです。そこで、別の観点からも株式のブレ幅（リスク）について確認しておきたいと思います。

これまでに株式投資を全くしていなかったとしても、リーマンショックはご記憶にあることと思います。

リーマンショックの時、S&P500指数は約1年4ヶ月にわたって下げ続け、その時の下落率は52・6％に達していました。そして、低迷期を経て株価が元に戻るまでには、約5年5ヶ月もかかったのです。5年以上の忍耐が必要だと考えると、なかなかつらいですよね。

統計学的な視点や過去の歴史を踏まえると、少々極端ではありますが、「ざっくりと半額になったとしても、普段の生活をしていく上では困らずに耐えられる」、そう思えるくらいの割合で投資を続けていくことが、とても大切なことなのだということがお分かりいただけたかと思います。

そのため、生活防衛資金を預貯金できちんと確保しておくことはもちろんですが、**投資に回す資金が増えてきたときには、株式の比率が高くなりすぎないように、債券や現金などを持っておくという「資金管理」を行うことが大事なのです。**

備えあれば憂いなし。持続可能な投資をして、長く市場に残り続けましょう。

買った時から株価が10%も上がりました。売って利益確定をするべきですか？

今は積立購入をしているのですが、このまま単純に積み立てていくのが本当に良いのか、疑問が湧いてきました。

どのような点で、疑問を感じられたのですか？

含み益が10%を超えたら、毎月の積立は予定通り続けつつ、いったんすべて売却して利益を確定する。そして、その資金をプールしておき、次の暴落時に積立額を増額するための原資にすれば、効率よく増やせるのではないかと思ったんです。

誰もが一度は悩むポイントですね。「10%上がったら売る」という方法をずっと繰り返すのは、理にかなっているようでいて、実はとても難しいのです。

せっかく含み益が出たのだから、ここで売って利益を確定させた方がいいのではないか――そのように考えるお気持ちは、とてもよく分かります。

しかし、株は買う時よりも売る時の方が難しいと言われています。「直感頼み」や「何となく」で売っていると、継続的に資産を増やすことは難しいと思っておきましょう。

それなら、「10％上がったら売る」という考え方であれば、機械的にできるので良さそうな気がしますよね。それでは仮に、10％上がったところで売却したものの、その後、さらに上がり続けた場合はどうでしょうか。手元の現金はそのままになりますので、本来ならば投資に回せたはずのお金が現金のままになる、つまり機会損失をするということにつながります。

逆に、株価が下降するときには、あれよあれよと下がっていきます。そうすると今度は売り時を逃してしまうということになりがちです。

つまり、**株価を睨みながら売却をして、コンスタントに利食いをする。それを間違いなく続けていくという方法は、「誰にでもできること」ではない**のです。もし、上手にタイミングが読めるなら、それは投資の才能がある人でしょう。

本当に機械的に実行するならば、常に指値をし続ければ良いという考え方もあるでしょう。

S&P500　長期チャート

（引用：投資の森）

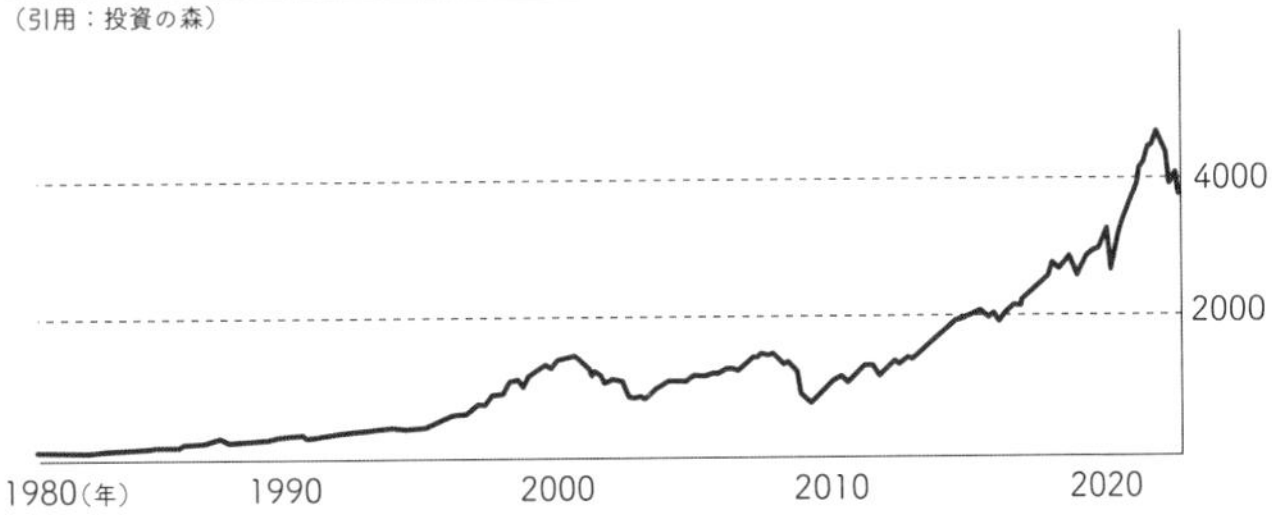

指値とは、この値段で「売る」「買う」など、価格を指定して売買をすることを言います。例えば、1株が1000円になったら、100株売る・買うというように、先にルールを決めて注文を出しておくことができる仕組みです。

しかし、私たちにも日々の生活があります。そのため、しょっちゅう指値の手続きをするのも面倒で、あまり現実的ではないように思います。

そこまで投資の才能があるわけでもなく、指値が面倒な、いわば普通の投資家がとるべき売買のルールはとてもシンプルです。

1．長期的に見て、上がり続ける株を買い続ける

2．必要なときに必要なだけ切り崩す

繰り返しになりますが、米国株式のS&P500の長期チャートを見てみると、値動きはありつつもチャートの形は右肩上がりで、ひたすらに上昇をしています。

一方で、日経平均の長期チャートを見てみると、バブル期の

日経平均　長期チャート

（引用：投資の森）

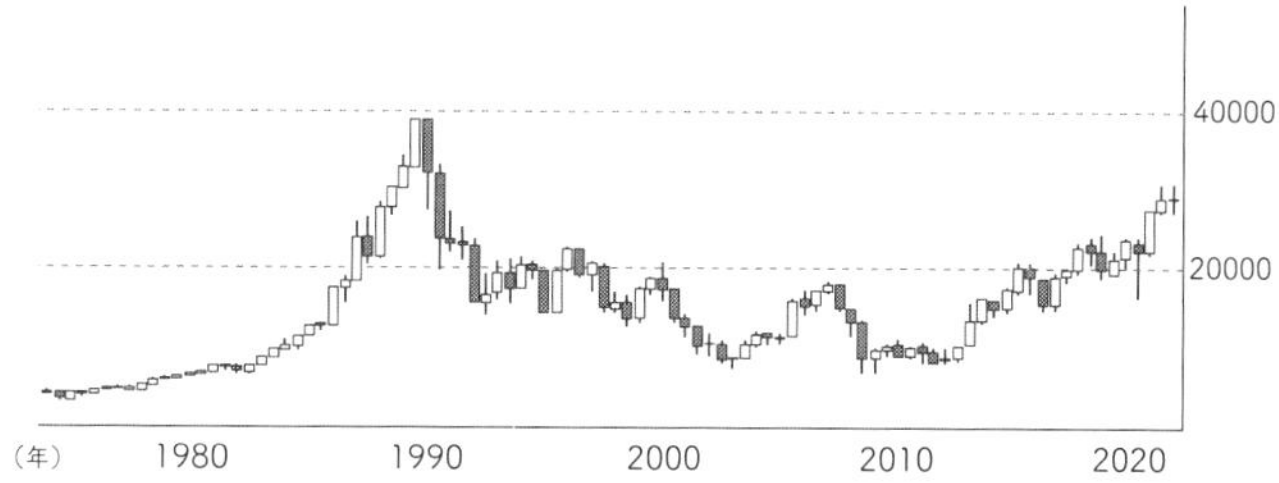

株価に戻ることができず横ばいの状態にあるのが分かりますね。

つまり、米国株式のＳ＆Ｐ５００のような「良い指数」を最初に選んで投資をしているのであれば、持っているだけで利益が出るのだから無理して売る必要はないということです。目先の10％、20％の利益に囚われることなく、どっしり保有しておけば良いのです。

どっしりと保有をするとなると、逆にいつになったら売れば良いのかが分からなくなってくることでしょう。しかし、実は答えはシンプルで**「必要なときに、必要な分だけを売れば良い」**のです。相場とは関係なく、将来、生活のためにお金が必要になったとき、または資産全体を見渡してリバランスをする必要が出たときに、その分だけを売れば良いということです。

相場に振り回されなくて良いと考えると、とても気楽になるのではないでしょうか。これも、米国株式のような「良い指数」へ投資を続ける魅力なのです。

株価が下がったら買い増ししたい……
でも、タイミングがつかめません。

株価が下落したら、チャンスを見て買い増しをしたいなと思っているのですが、何か良い方法はありますか？

実際に下落相場が来た時に、買い増しをすることができましたか？

「まだ下がるかも」と待ち続けてしまって、追加投資ができませんでした。次に同じような状況になったら買い進められるように、準備をしておきたいです。

1回の取引で大きな利益を得ようとするなら、大きな損失を覚悟することも必要になってきます。このことは心に留めておきましょう。そのうえでチャレンジしたいのならば、2つの方法が考えられます。

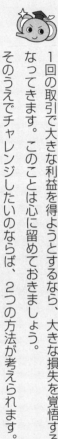

2020年のコロナショックの際には、新型コロナウイルスの感染拡大で世界景気の落ち込みが避けられないとの見方から、株価が急激に下落しました。

先物市場やオプション市場などで相場が大きく変動した時には、投資家の過熱感を鎮めて冷静な判断をしてもらうため、証券取引所が取引を一時中断する措置を取ることがあります。これを「サーキットブレーカー」というのですが、2020年3月は、たびたびサーキットブレーカーが発動される歴史的な事態となりました。S&P500が大きく下落したことを受けて、合計4回もサーキットブレーカーが発動しましたので、多くの投資家が悲観ムードになっていたのですね。

しかし、その一方で、明らかに割安だと判断して買い向かう投資家がいたのも事実で、私もそのうちの一人でした。

長期投資を続けていれば、必ず悲観的な局面に遭遇するときはあります。その場合も「良い指数」に淡々と積立投資を続けていれば、割安の状態で株式を買い続けることができるのです。下落したからといって、無理して追加投資をしなくても十分に恩恵が得られます。

仕事であれ投資であれ、高すぎる目標や完璧さを追求しすぎてしまうと、途中で心が折れてしまうことがあります。投資の場合には、1回の取引で大きな利益を得ようとすると、同時に大きな損失を被ることを覚悟しなければなりません。

大きく勝つことを目指すよりも「小さい勝ちを積み重ねること」の方が大事です。それをコツコツと積み重ねていくと、いつの間にか大きなものになっていくのです。

私の好きな言葉に、「足るを知る」というものがあります。これは老子の言葉で、何事に対しても〝満足する〟という意識を持つことで、精神的に豊かになり、幸せな気持ちで生きていけるということを表しています。

下落相場で追加投資をしたいなら

それでもやはり、下落や暴落のタイミングで追加投資をしたい場合には、2つの方法が考えられます。

1つ目は、**下落局面でリバランスをする**という方法です。株価ではなく、資産の比率に着目してみましょう。もし当初想定した株式：債券（現金）のバランスが崩れているようでしたら、比率を整えるために追加投資をすれば、ルール変更にはなりませんね。

2つ目は、**最初に無理のない追加投資の金額を決めておく**ことです。例えば、「手元の資金

株価下落時の買い増し例

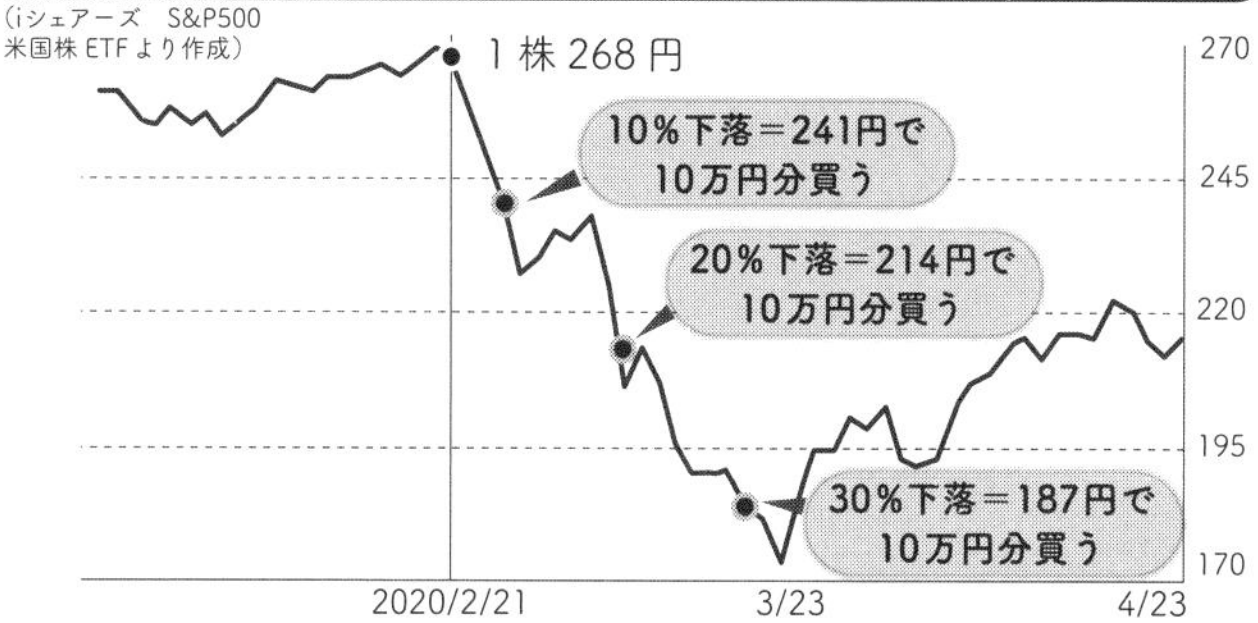

のうち30万円までなら、追加投資をしても生活には困らない」というように、先に無理のない予算を決めておきます。

そのうえで、直近の高値から10％下げたら10万円、20％下げたらもう10万円、30％下げたらもう10万円というように、段階を踏んで投資をしていきます。

この方法であれば、一気に手元資金を投資するわけではないので、リスクを取りすぎることにはならないでしょう。

いずれにしても、**資金管理をしっかりと行うこと、決して手元の現金を一度にすべて投資に回してしまわないこと、**これが大事です。株価が下落する局面では、不景気になってボーナスがカットされるなど、想定していた給与が入って来なくなる可能性もあります。「今の収入が、景気後退の局面で続くとは限らない」という点も念頭に置いて、無理のない範囲で投資を行うことを心がけましょう。

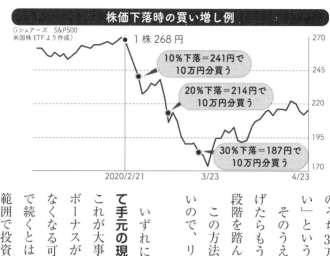

積立投資はやることがなくてつまらない。他にやるなら何がいいですか？

最初はいろいろ調べたり、証券口座を準備したりとやることがたくさんあったのですが、落ち着いたら何もすることがなくなりました。

それは良かったです。投資以外のことに時間を使えますね！

でも、今は投資をしているという実感があまりなくて、やることがないのもつまらない気がしています。

企業研究をしたり分析をするのが苦でなければ、個別株投資も面白いですね。
または、セクターETFへの投資から入っていくのも良いでしょう。
いずれにしても、コアはしっかり守りつつ、チャレンジしてみるのが良いですよ。

指数への積立投資が軌道に乗ると、「つまらない」と感じる方が一定数いらっしゃいます。私は、米国株式指数への投資も「面白いものだ」と思っていますが、やることがあまりないという意味では、飽きやすいのかもしれません。

実は、「つまらない」と思えるような落ち着いた状況にあるということは、大変恵まれている状況なのです。その一方で、自分で動きたくなるということも、心情としては分かります。

もし、投資そのものに興味が湧いてきて、ワクワクするような投資がしたいということであれば、米国のセクターETFに投資をしてみたり、個別株にチャレンジしてみるのもいいですね。ただし、その場合も、積立投資はしっかりと継続し、**サテライト枠**で取り組むことを強くお勧めします。

まずは、長期で安定的に運用できる「コア」となる投資先をしっかりと定める。そして、ある程度「余裕資金」が増えてきた段階で、一部分を個別株投資などに振り向ける。このように、守りと攻めを組み合わせる投資手法のことを**コア・サテライト運用**と呼んでいます。万人の資産形成に適していて、コアに据

コア・サテライト運用

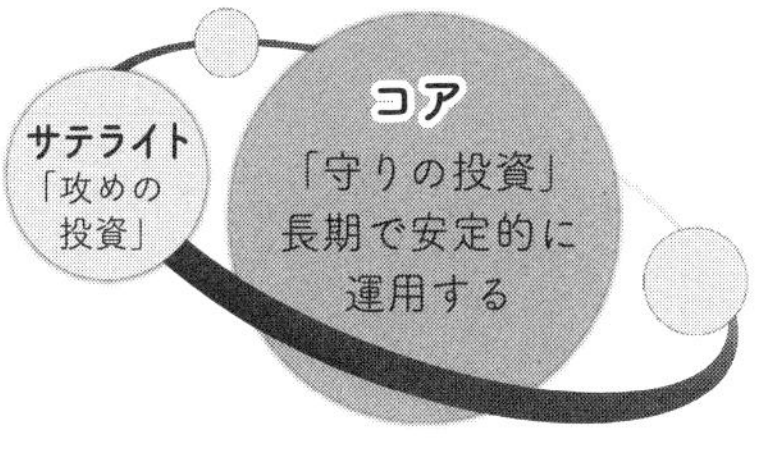

えるのに相応しい商品は何かと問われれば、それが米国株式指数の投資信託への積立なのです。

S&P500を構成する11のセクター

セクター	バンガード社ETF	S&P500の構成比率
情報技術　Information Technology	VGT	28.7%
ヘルスケア　Health Care	VHT	13.1%
一般消費財　Consumer Discretionary	VCR	12.0%
金融　Financials	VFH	11.3%
コミュニケーションサービス Communication Services	VOX	10.0%
資本財　Industrials	VIS	7.8%
生活必需品　Consumer Staples	VDC	6.1%
エネルギー　Energy	VDE	3.4%
不動産　Real Estate	VNQ	2.7%
公益事業　Utilities	VPU	2.5%
素材　Materials	VAW	2.5%

（※構成比率は2022年1月末現在）

セクターETFへの投資

米国株の世界では、業種やテーマなどが似ている企業ごとに11のグループに分類しています。このグループのことをセクターといいます。米国株の場合は、たいていどのセクターも国際競争力があります。そのうえで、売り上げ成

バンガード・米国ヘルスケア・セクターETFの主な銘柄

（引用：Bloomberg、2023年4月時点）

ユナイテッドヘルス・グループ【UNH:US】
ジョンソン・エンド・ジョンソン（J&J）【JNJ:US】
アッヴィ【ABBV:US】
イーライリリー【LLY:US】
メルク【MRK:US】
ファイザー【PFE:US】
など

長率のある企業が多いセクター、成長性はそれほどではなくても国際的な競争力のあるセクター、保守的ではあるものの安定的に配当が得られるセクターなど、セクターに応じた特徴があります。

米国ETFを活用すれば、好みに応じてセクターを絞って投資をすることが可能です。いわゆる「セクターETF」を活用することで、自分好みのポートフォリオ（金融商品の組み合わせ）を手軽に作ることができるのです。本書では、人気が高く、成長分野に投資することができるETFをいくつかご紹介しておきます。

①バンガード・米国ヘルスケア・セクターETF（ティッカー：VHT）

世界中が高齢化しつつある中で、医療品需要や医療費の増大が見込まれます。ヘルスケア関連企業を集めたETFに投資をすることで、高齢化の恩恵を被る可能性が高いというシナリオを描くのであれば、VHTを活用すると良いでしょう。

バンガード・米国情報技術セクターＥＴＦの主な銘柄

（引用：Bloomberg、2023年4月時点）

アップル【AAPL:US】
マイクロソフト【MSFT:US】
エヌビディア【NVDA:US】
ビザ【V:US】
マスターカード【MA:US】
ブロードコム【AVGO:US】　など

②バンガード・米国情報技術セクターETF（ティッカー：VGT）

近年の米国経済を牽引している基幹産業の1つが、ハイテク株です。

IT企業の雄である5企業をまとめてGAFAM（ガーファム）と呼びます。Google、Amazon、Facebook、Apple、Microsoftの頭文字です。現在は、Facebook社はMeta社に社名変更をしていますが、呼び名は変わらずに使われ続けています。

GAFAMのうち、Apple、Microsoftが上位に組み入れられていて、かつ画像処理半導体大手のNVIDIAなど近年の米国株を牽引してきた銘柄が上位を占めているのが、情報技術セクターです。こうした企業に絞って投資をすることができるのがVGTです。

米国バンガード社のETFの中でも非常に高いリターンを出しているETFの1つですが、値動きも大きいのが特徴です。

MAXIS ナスダック100上場投信【2631】の主な銘柄

（引用：Bloomberg、2023年4月時点）

アップル【AAPL:US】
マイクロソフト【MSFT:US】
アマゾン・ドット・コム【AMZN:US】
エヌビディア【NVDA:US】
アルファベット【GOOG:US】
アルファベット【GOOGL:US】 など

③MAXIS　ナスダック100上場投信【2631】

こちらはセクター別のETFではないのですが、ハイテク株の比重を高めたいときにトッピングとして使うことができる国内ETFをご紹介しておきます。

ハイテクやバイオなど人気の高い成長企業は、新興企業向け株式市場の中でも世界最大の規模であるナスダック市場に多く上場しています。そのため、ナスダック市場の上位100社で構成される指数である「ナスダック100」に投資をすることで、人気業種に幅広く投資をすることができます。ちなみに先程ご紹介したGAFAMは、すべてナスダック100指数に入っています。

国内ETFの2631は、ナスダック100に低コストで投資をすることができることから、人気が高いETFとなっています。

米国ETFであれば「QQQ」というETFがあるのですが、コスト面で遜色がないことから、あえて手軽に使える国内ETFをご紹介しました。二重課税も回避されていますので、外国税額控除の手続きをする手間を減らすことができる点もメリットです。

ただし、「ナスダック100」指数は非常に値動きが激しいです。株価の上下をうまくつかんで売買する、いわゆる「うねり取り」には向いているものの、中上級者向けのETFと言えるでしょう。

なお、セクターETFへの投資をする場合には、時流の見極めが必要になるということは覚えておいてください。

例えば、金融セクターなどは、ほんの数十年前は花形のセクターでした。しかし、リーマンショックで「あり方」が変わり、リターンがぱっとしなくなっています。エネルギーセクターも、以前はポートフォリオに必ずと言っていいほど組み込まれている人気のセクターでしたが、現状では長期で見ると厳しいですね。つまり、「今、人気や勢いがあるセクターに乗り続けていれば良い」のではなく、見直しが必要になるということを覚えておきましょう。

米国個別株への投資

米国株は1株から購入することができます。例えば、誰もが知る「コカ・コーラ」の株で

決算書を見る際のポイント

損益計算書（PL）

- ✓ 売上高は右肩上がりか？
- ✓ 営業利益率は同業他社と比べて高いか？
- ✓ EPS（1株当たりの当期純利益）は増えているか？

キャッシュフロー（CF）計算書

- ✓ 営業キャッシュフローは右肩上がりで増えているか？
- ✓ 営業キャッシュフローマージンが15％以上あるか？

〈計算式〉 $\frac{\text{営業キャッシュフロー}}{\text{売上高}}$

あれば1株＝60ドル前後で推移しています。つまり、1万円以下でコカ・コーラの株主になれるということです。

ただし、手軽に買えるからと言って、雰囲気で短期売買をすることはお勧めしません。米国個別株に投資をするなら、**「①複数銘柄に分散して投資をする」「②セクター分散を意識する」「③決算書などの業績を確認して自分が考えた成長ストーリーが崩れていないかを確認する」**、これらのことを意識しながら投資をしていきましょう。

さらに、「経済的な濠《ほり》」を持つと思われる銘柄を選定していくと良いでしょう。これは競合他社が参入しにくい、ビジネス上の競争優位性がある企業のことを指します。

YouTubeチャンネル「たぱぞう投資大学」では、米国個別株投資にまつわる動画も多数配信しています。その時のトレンドに応じた動画も作成していますので、米国個別株への投資をお考えになる場合には、ぜひご覧ください。

積立投資を始めると、さまざまな投資手法に興味が湧いてくるものです。

そんな時には、コアの投資として「積立投資」を続けつつ、サテライトで米国個別株にチャレンジしてみるのも良いですね。


ただし、ご自身の目的や目標額、知識や経験値などによって、向いている手法は異なります。また、そもそも手を出さない方がいい「案件」も、世の中には溢れています。

無理なく自分にあった方法を取り入れることができるよう、さまざまな投資手法の特徴を見ていきましょう。

5章

さまざまな投資術との向き合い方

Q. 投資詐欺に引っかからないために気を付けるべきことはありますか？

何の代償もなく、リターンだけを得ることはできないということを心に留めておきましょう。また、リターンの相場を知っておけば、うますぎる話に対して警戒したり、「良い投資先」を見る目が養われます。

ネットやSNSを見ていると、大儲けをした人の話がたくさん入ってくるものです。ところが、不思議なことに損をしたり失敗した人の話はあまり入ってきません。これはある種の生存バイアスで、成功者のほうが発信力があることが多いからです。

投資で数千万規模、あるいは億単位の資産を築いたという人がゴロゴロいるように見えてしまいますが、まとまった資産を作るのは、そんなに簡単なことではありません。よく見ると、本業の収入が高かったり、相続などで受けた資産をベースにしていたりするケースもあります。つまり、投資の利益だけで大きな資産を築いた人は、ほんの一握りだと言っても良いでしょう。

一部の成功者の例だけを見て、紹介されている投資手法にすぐに飛びついてしまうのは、大変危険なことです。**楽に大儲けができる「特別な話」なんていうものは、存在しない**と思っておいた方がいいでしょう。

一方で、投資がすべて危険かというと、そんなことはありません。溢れる情報に流されず、自分のできる範囲で投資をしていくことが、最も着実で安心な資産形成の近道なのです。

投資によるリターンの相場

私がお勧めしている米国株式指数のリターンは、**年率5％程度**で見積もっておくのが妥当です。相場に恵まれた２０１０年代は年率10％ぐらいになっていますが、年率10％が今後もずっと続くことは、ほとんどないと考えていいでしょう。

もちろん、相場が良いときには年率10％を超えるタイミングもありますし、短期売買をして瞬間的に大儲けすることもあり得ます。

ですが、年率10％のリターンを10年、20年など長期的に継続することは、とても難しいことなのです。

妥当な利率のラインを知っておけば、極端な高利回り投資に対して警戒心を持つことができるようになります。投資の世界では、１００の小さな勝ちを積み重ねても、１つの大きな負けで退場を迫られることがあります。負けない投資を心がけましょう。

うますぎる話には気を付けよう

資産運用は、ツボを押さえれば、それほど難しいものではありません。しかし、自分の中で投資の方針や目標が定まっていないと、とたんに難しいものになってしまいます。

特に、短期間で大きな成果を出そうとすると、罠にハマりやすくなります。

「有名インフルエンサーの○○さんから推奨銘柄が出た」「ツイッターで△△という株が割安だと盛り上がっていた」「◇◇さんは▼▼を買った利益でＦＩＲＥしたらしい」……。

こういうネタが、ネットやＳＮＳにはたくさん溢れています。話としてはとても魅力的に感じますし、流れに乗らないと損した気分になるかもしれません。ですが、こういうネタだけで長期的に安定して資産を形成することは、まず不可能だと思っておきましょう。

よくある「投資詐欺」の手法として、**ポンジスキーム**と呼ばれるものがあります。仮想通貨や高額商品の売買など、いろいろなパターンがありますが、その中身には共通している点があります。

・高配当や高利回りをうたっている
・元本が保証されると言われる
・一定期間、出金できない仕組みになっている
・友人・知人を紹介すると、報酬が出る

投資詐欺の場合には、年利10％以上や月利数％をうたうものがほとんどです。

仮に月利5％なら、100万円出資すれば毎月5万円の配当が得られるということになります。これは、年利に換算すると60％で、配当を再投資すればわずか1～2年で元本が2倍になるほどの高利率を意味しますので、長期的な持続は困難です。

ポンジスキームの巧妙な点は、最初の数回、本当に配当が支払われることです。これですっかり信用してしまいますし、そうやって信じきった方々からの紹介で始めることが多いので、

よりリアリティが感じられるのですね。

巨額の資金を投資してしまったところで投資先とは連絡が取れなくなり、投資資金が回収不能になるというオチが待っています。こうした投資詐欺にハマってしまうと、お金だけではなく大切な家族や友人との絆まで失ってしまう可能性がありますので、失うものが大きいです。

楽チン投資術の代償は「値動きに耐える」こと

そうすると、簡単・堅実・楽チンな投資の方法である「積立投資」も、なんだか怪しいような気がしてきますよね。

米国株式指数への積立投資は、一度積立のルールを作って設定をしてしまえば、あとはやることがほとんどありません。そのため、作業面では楽チンなのですが、大きく下がった時にも、ぐっとこらえて、淡々と積立を続けることが必要です。

こうした「心の努力」を積み重ねた結果として、未来に大きく資産を増やすことができるのです。そのため、決して何の代償もなく、お金だけが増えるというわけではありませんね。

厳しいようですが、「全く努力も代償もなく、リターンだけを得ることはできない」ということです。もし、代償なしに大儲けができるという話が舞いこんで来た場合には、疑ってかかることをお勧めします。

これから先、投資をするかどうか不安になったり悩んだ時には、ぜひこの言葉を思い出してください。そうすることで、初心に帰ることができ、冷静な判断ができるようになりますよ。

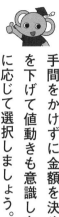

Q. 投資信託とETFは、どちらを選べばいいのでしょうか？

手間をかけずに金額を決めて投資をしたいなら投資信託が、少しでもコストを下げて値動きも意識しながら売買したいならETFが向いています。目的に応じて選択しましょう。

「投資信託」と「ＥＴＦ」の違いは、慣れるまで分かりにくいところがありますね。ＥＴＦとは何だろう？　と思って検索をしたら、「上場投資信託」という答えが出てくるのですから、これでは途方に暮れてしまいます。

「投資信託」の仕組みについては2章でご紹介した通りですが、運用会社・信託銀行・販売会社が役割分担をしながら運用を行うため、手間がかからない分、手数料が高くなる傾向があります。

２００１年ごろまで遡ると、海外に投資をする投資信託では、年率１％を超える信託報酬がかかるのが当たり前という状況でした。一方、米国ＥＴＦであればたったの年率０・03％で米国株式市場に投資をすることができます。以前はあまりにもコスト差が大きかったので、投資をするなら、「米国ＥＴＦ一択」だったのですが、今はコスト差が小さくなってきているため、目的に応じて使い分けやすくなりました。

米国ＥＴＦは低コストで買えてカスタマイズがしやすい

米国ＥＴＦも「特定の株価指数に連動するようにするなど、ルールに基づき運用されている」という点は同じです。個別の株式と同じように、証券会社を通じて購入することができます。

米国ＥＴＦの場合には、株式市場で自由に取引されているため、維持経費（経費率）の中に、販売会社の手数料が含まれることはありません。さらに、運用している資産の規模も大きいため、固定でかかる経費の負担割合は薄まります。こうした事情により、**投資信託に比べる**

と激安な手数料を実現することができています。

さらに、米国ＥＴＦの１株当たりの価格はリアルタイムで変動し、**その時々の価格で売買をすることができます**。買ったり売ったりする金額を自分で指定する、いわゆる「指値」を行うことも可能です。

極端ではありますが、買ったＥＴＦを、値上がりしたところでその日のうちに売ってしまい、利益を得るというような使い方もできます。つまり、自分の目線で売り買いをする、いわゆる「うねり取り」を株式指数で行うことが可能になってきます。

また、セクターＥＴＦなどもあり、銘柄の種類が豊富ですので、投資の「幅」を広げることが可能になります。

ただし、米国の株式市場に上場されていますので、基本は「米ドル」で購入することになります。

・日本円を米ドルに変える、いわゆる「ドル転」のタイミングを計る
・ドル転の手数料が安い銀行を使うことで、さらなるコストカットをする
・自分のペースで積立を行いつつ、価格が下がったときには多めに買う

このように、自分なりの工夫をしていくことができる点が魅力である一方、それなりに手間がかかります。

また、米国ＥＴＦで投資をするなら、「外国税額控除」を受けるために確定申告をすることも必須になってきます。こうした手間暇をかけることを厭わない、投資そのものを楽しめる方であれば、米国ＥＴＦにチャレンジしてみても良いでしょう。

国内ＥＴＦで米国株へ投資することもできる

ＥＴＦは米国だけに限られたものではありません。日本の株式市場に上場されている、国内ＥＴＦというものも存在します。

米国ＥＴＦほどではありませんが、投資信託に比べると信託報酬は低めとなっていますし、日本円で取引をすることができますので、米国ＥＴＦに比べれば簡単に購入することができます。

指値を行うことも可能ですので「うねり取り」にも十分に対応可能です。さらに、２０２０年からは「投資信託等の二重課税調整制度」というものが始まったため、対応している国内

投資信託とETFの比較

	投資信託	米国 ETF	国内 ETF
上場／非上場	非上場	上場	上場
取引可能時間	販売会社が 定める時間中	米国市場の 取引時間内 （日本との時差あり）	国内市場の 取引時間内
取引価格	基準価額 （1日1回算出）	リアルタイム で変動	リアルタイム で変動
信託報酬（注）	やや高め 0.1%程度	低い 0.03%程度	やや低い 0.08%程度
外国税額控除	手続き不要 ※分配金を出す ファンドのみが対象	確定申告 必要	確定申告不要 の商品がある
取引単価（注）	最安・積立額の 調整がしやすい 100円～ 設定可能	やや高い 積立額の調整 はしにくい 1株5万円程度	やや高い 積立額の調整 はしにくい 1株4000～ 4500円程度

（注）記載した信託報酬率及び取引単価は、S&P500に連動する商品に投資をした場合の概算値。

ご自身の目的や考え方に応じて
選んでみましょう！

ＥＴＦを選んでおけば、外国税額控除の手続きをしなくても良くなりました。

シンプルにＳ＆Ｐ５００に投資をするのであれば、国内ＥＴＦの使い勝手は良くなりつつありますので、十分に選択肢になるでしょう。

ただし、残念ながら、国内ＥＴＦのつみたてＮＩＳＡ対象商品はとても少ないです。つみたてＮＩＳＡで投資をするなら、投資信託を選択するのが無難です。

Q…… 米国ETFや個別株に興味があります。大きく投資をしても大丈夫でしょうか？

積立投資をコアに据えつつ、手元の余裕資金が増えてきたら徐々に米国ETFや個別株にもチャレンジしていくというように、段階を踏んでステップアップをしていくのが良いでしょう。

米国株式指数への積立投資は、投資未経験の方でも取り組みやすく、誰にでもお勧めができる投資手法です。しかし、この投資手法のデメリットを挙げるとすれば、「資産形成に時間がかかる」という点でしょう。

これは投資の世界の残酷な現実なのですが、**投資はお金を持っている人ほど、お金を増やしやすいようにできています**。毎月3万円を年率5％で10年間運用した場合には、10年間で

105・8万円増えますが、毎月30万円を積み立てられる人であれば、10年間で1058万円も増やすことができるといった具合です。率で値動きするので、「額」が大きいほどインパクトが強くなります。

しかし、私たちの多くは、まとまったお金がない状態から投資を進めていくことになります。そのため、大きく分けると2つの選択肢を取ることになるでしょう。

①20年、30年と時間を味方につけながら、コツコツと着実に増やしていく方法

②手持ち資金が少ないうちは、リスクを取って成長性の高い会社の個別株や成長が見込まれるセクターのETFなどにも投資をして、資産が増えたらディフェンシブな投資に切り替える方法

30歳からスタートして「65歳になるまでに2000万円をつくる」ということが目標なのだとしたら、無理をして個別株にチャレンジする必要はありません。毎月2万円を着実に積み立てることさえできれば、十分に達成できるからです。

しかし、40代でFIREをしたいというような目標を掲げるのだとしたら、もう少しリスクを取って、個別株にチャレンジしてみても良いでしょう。

私自身は、気になった企業のことを調べたり、世の中のビジネスシーンのトレンドを調べたり、企業の決算書をチェックすること自体を「楽しい」と感じています。そのため、個別株への投資についてもブログなどで積極的に発信していますが、誰もが楽しめるとは限りませんし、それ以前の問題で、いきなり大きなリスクを取ることはまったくお勧めできません。
繰り返しになりますが、まずは長期で安定的に運用できるコアとなる投資先をしっかりと定めて、ある程度「余裕資金」が増えてきた段階で、一部分を個別株投資などに振り向けていき、ご自身の適性を見極めるのが良いですね。

米国ETFの場合には、1株当たりの単価が大きいことにより、積立数の調整がしにくいケースが多々あります。
例えば、VOO（バンガード・S&P500ETF）という米国株ETFは、1株当たり350ドル〜450ドルで推移しています。よって、1株買うためには5万円前後（注）のお金が必要になってしまうのです。（注：1USD＝130円として概算）
投資信託であれば、100円から購入することができますので、毎月3万円ずつなど、決まった金額分を着実に積み立てていくことができます。

ドル・コスト平均法

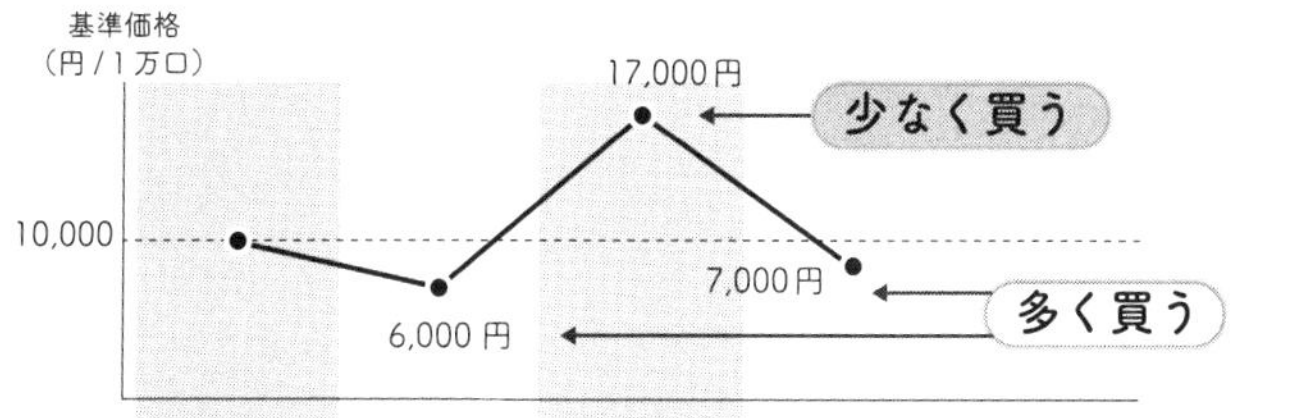

	1カ月目	2カ月目	3カ月目	4カ月目	合計	平均購入単価
定額購入の場合	10,000円 **10,000口**	10,000円 **16,666口**	10,000円 **5,882口**	10,000円 **14,285口**	40,000円 **46,833口**	8,541円
定量購入の場合	10,000口 **10,000円**	10,000口 **6,000円**	10,000口 **17,000円**	10,000口 **7,000円**	40,000口 **40,000円**	10,000円

さらに、決まった金額で積み立てることにより、

- **株価が高いときには、購入する量を減らす**
- **株価が安いときには、購入する量を増やす**

いわゆる**「ドル・コスト平均法」**という方法を採ることができます。

「株価が下がったら、たくさん買えて嬉しい」
「株価が上がったら、資産が増えて嬉しい」

このように、どちらの状況もプラスに捉えることができますし、平均購入単価が平準化される効果があることから、相場の上下動に慣れていない初心者さんでも、比較的心穏やかに続けやすいという点は、大きなメリットになるでしょう。

こうした違いも踏まえつつ、コア（積立投資）とサテライト（米国ＥＴＦや個別株）のバランスを考えていきましょう。

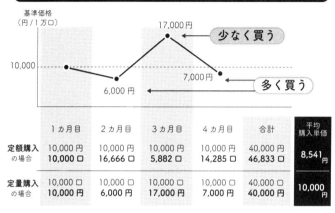

Q. 高配当株も魅力的で、買う商品を絞り切れません。

高配当の銘柄は成熟した企業なので、成長性は期待しにくいです。税負担も大きくなりますので、メリットとデメリットを踏まえておきましょう。

株式投資を始めると多くの方が経験する悩みとして、「成長株への投資をするべきか」「高配当株への投資をするべきか」という2点があります。

株式や投資信託の利益には、大きく2種類あります。まずは、株や投資信託を安く買って、高く売る。その差額を利益として受け取る方法です。これを**キャピタルゲイン**と言います。

もう1つは、株や投資信託を保有していることによって定期的に得られる配当金や分配金です。これを**インカム**と呼びます。

インカムの魅力は、何もしなくても定期的にお金が入ってくることですね。株式の場合に

キャピタルゲインとインカム

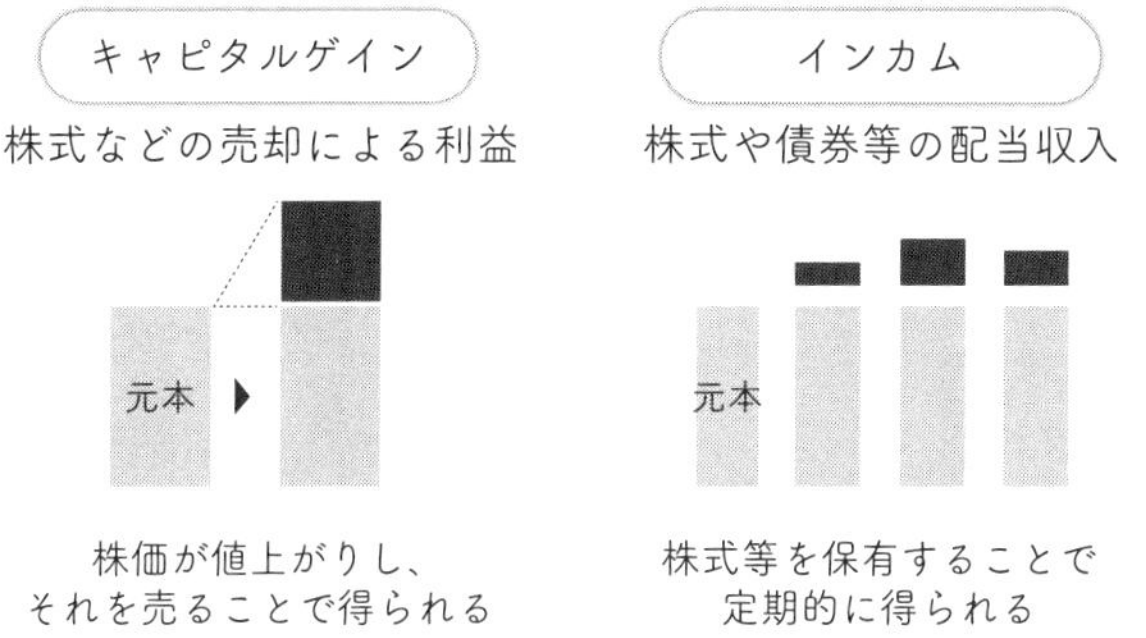

は「配当金」、投資信託やETFの場合には「分配金」というように、呼び名が違っています。

インカムは、チャリンチャリンとお小遣いがもらえるような感覚がありますので、受け取ることで投資のモチベーションが上がるという方はとても多いです。

しかし、資産形成期にある働き盛りの方の場合には、**配当金や分配金は受け取らずに、そのまま再投資する**こと、そして、**高配当が売りの銘柄よりも、成長が期待できる銘柄**、すなわちキャピタルゲインも見込まれる銘柄に投資をすることをお勧めします。

複利効果を最大限に生かそう

長期投資の最大の醍醐味は**「複利効果」**です。利息を元本に加えていくことにより、利息がさらなる利息

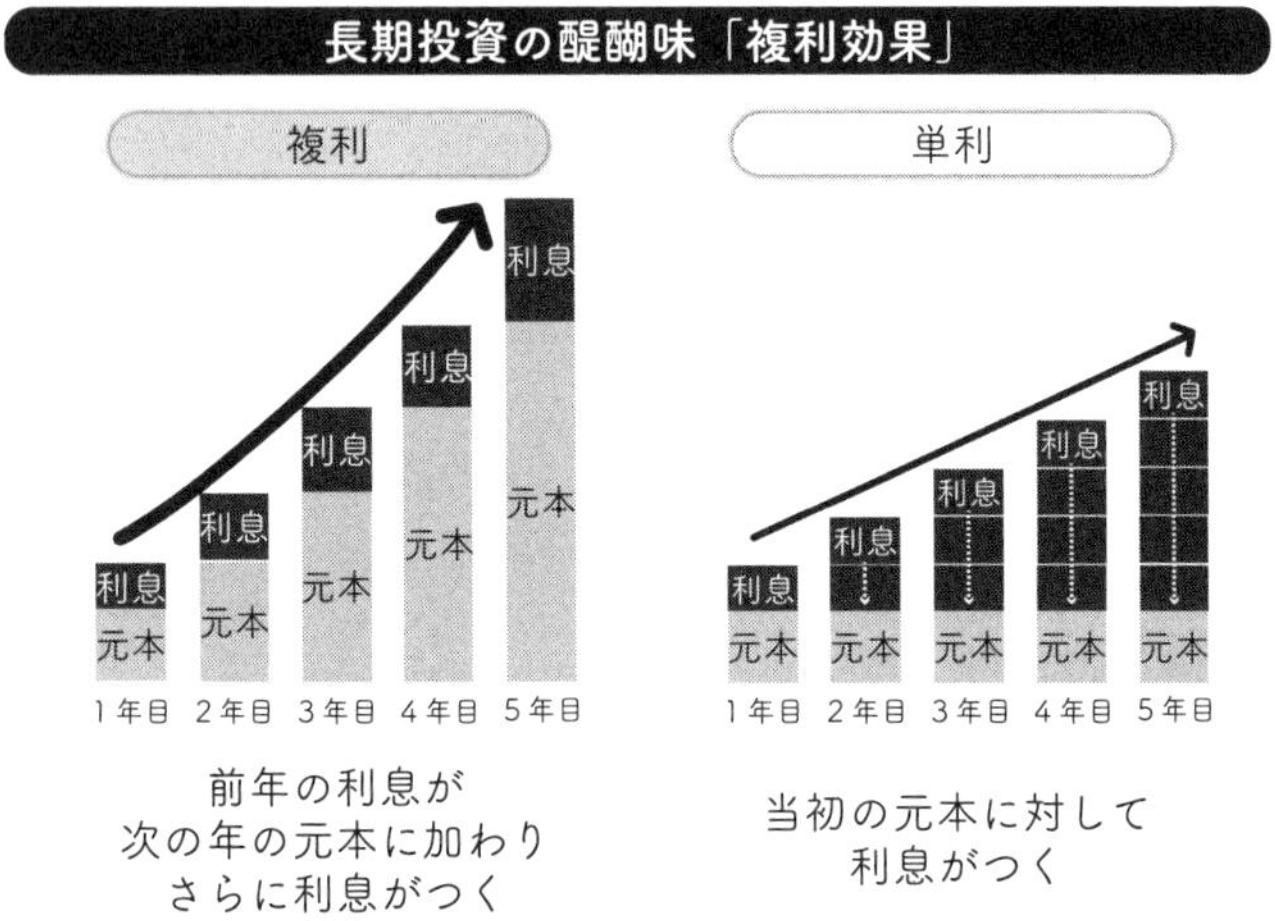

前年の利息が
次の年の元本に加わり
さらに利息がつく

当初の元本に対して
利息がつく

を生み出してくれます。これを繰り返していくことで、どんどん投資元本が大きくなっていきます。

よく雪玉（スノーボール）に例えられるのですが、最初は小さなボールでも、コロコロと転がしていくことで、どんどん雪玉は大きくなっていきます。大きくなればなるほど、さらに大きくなるスピードは上がっていきます。

ところが、その都度配当金や分配金として受け取ってしまうと、複利効果を得ることができなくなってしまいます。これでは元本の大きさが変わらない「単利」と同じ状況になってしまうので、なかなか資産は増えません。

さらに、一度受け取ってしまうと、課税口座で運用をしていた場合には、利益に対して約20％の税金が課されてしまいます。投資信託の中には、分配金を出さずに自動的に同じ商品に再投資をしてくれるものがありますので、余計な税金を支払うことなく、複利効果で効率的にお金を増やしていくことができます。

明確に定期的にお金を使う必要があるという事情があれば別ですが、そうでなければ配当金や分配金を多く出す商品に投資する必要はありません。

また、米国企業は、一般的に創業してから経営が軌道に乗るまでは配当を出しません。キャッシュフローが安定し、内部留保が大きくなってきて初めて、配当を出すようになります。Microsoft や Adobe が典型的な例ですね。

このような事情から、**いわゆる高配当の銘柄は創立から歴史が長い「成熟企業」が中心と**なります。そのため、一般的には今後のさらなる企業成長を期待するのが難しいという性質があります。

高配当株で得られるリターンの理想と現実

さて、高配当株への投資をする場合には、多くは年率3％～5％の配当を目指すこととなります。しかし、仮に年率3％であれば、1億円を運用していても年300万円程度にしかなりません。年間の収入ベースでは、現在の年収にも到達しないということですね。高配当株を積み重ねて生活費を賄おうと考えると、なかなか遠い道のりであることが見えてきます。

一方で、月に1万円の配当が欲しいという目的であれば、比較的達成しやすいですね。このように、ご自身の投資目的を考えてみて、それに応じて配当目的の商品に投資をするのが良いかを考えていきましょう。仮に投資をする場合も、コアに据えるのはS&P500などの株式指数への投資にして、サテライトとして高配当株式への投資をするというような切り分けをお勧めします。

高配当株投資をしたいなら、お勧めはVYM

それでは、高配当株投資をしたい場合、どのような商品を選べば良いのでしょうか。残念ながら、現状では日本株には安心して投資ができる高配当指数というものが存在しません。最もお勧めなのは、**VYM（バンガード・ハイディビデンド・イールドETF）**です。およそ450銘柄で構成されている米国ETFですので、銘柄分散効果が効いています。年4回分配金を出しており、年率換算で2%後半から3%程度の分配金を安定的に出しています。

VYMの5年チャート

（引用：Yahoo! Finance US　VYM５年チャート）

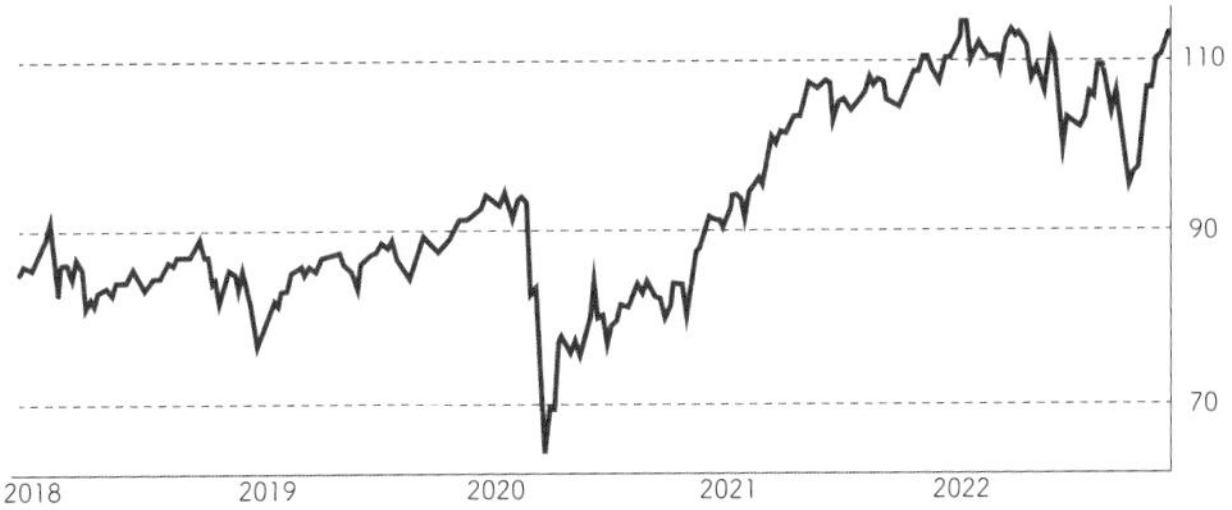

分配利回りだけで見れば、もう少し利回りが高い米国ＥＴＦもあるのですが、ＶＹＭの良さは、緩やかにキャピタルゲインも見込めることです。

そのため、長期間投資を続けることで、実質利回りが上がることが見込まれます。

例えば、ＶＹＭが１株90ドルの頃に、１株買っていたとしましょう。これが１株１１０ドルまで上がった場合、１１０ドルに対して年率３％の分配金が出れば、年間３・３ドルとなります。ですが、１株90ドルの頃に買っていたのであれば、３・３ドル÷90ドル＝年率３・７％の利回りということになります。

このように、緩やかに株価が成長していくことによって、実質利回りも緩やかに上昇していくことが見込まれます。

また、１株当たりの単価が１１０ドル程度ですので、１株１・５万円程度で買うことができます。比較的買いやすい単位になっているという点も魅力でしょう。

Q. 大きく儲けたいならFXが良いと聞きました。始めた方がいいですか？

ＦＸで資産形成をするには相当な技量と運が必要ですので、正直なところ、お勧めはできません。また、ＦＸそのものよりもブログ等の広告収入で儲けている人もいます。特徴を理解しつつ、本当に自分に合っているのかを考えましょう。

ＦＸとは、「外国為替証拠金取引」のことで、ひらたく言えば「為替の動きを予測して、お金を増やす」という行為のことです。

例えば、１ドル＝１３０円の時に、手持ちの１３０円で１ドルに両替します。その後、１ドル＝１４５円になったときに、１ドルを日本円に戻せば、差額の15円分が儲かるということです。各種手数料などもかかりますので単純には行きませんが、**為替の差額で儲けるとい**

FXのしくみ

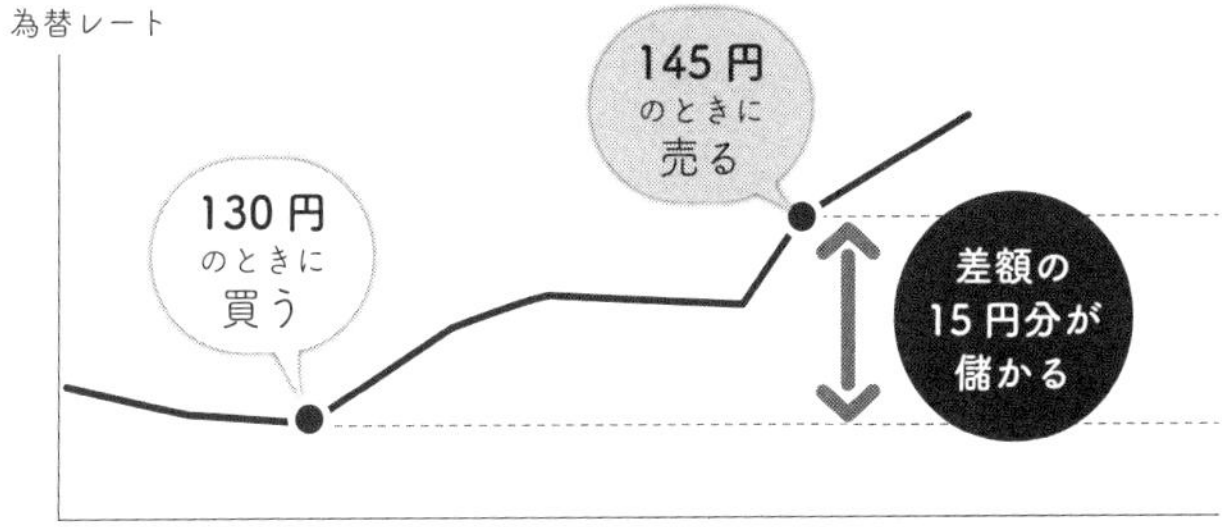

う仕組みです。このときに1ドルと言わず1万ドル分を両替していれば、15万円の儲けになります。両替をする資金額が大きければ大きいほど、儲けが大きくなるということです。

ＦＸの特徴は、手元の資金が少なくても大きな取引ができる点です。**レバレッジ**と言って、手持ちの資金を最大で25倍にして投資ができる仕組みが用意されています。

仮に、手元の資金が4万円しかなかったとしても、25倍のレバレッジをかければ100万円分の取引ができてしまうのです。そのため、儲けが出た場合は大きいですが、損失が出た場合も大きいという特徴があります。

ＦＸで資産形成するためには、相当な技量と運が必要です。**株式以上に不確定要素が大きく、確実に資産が増えていくという性質のものではない**からです。

それでも、レバレッジをかけて数億規模で儲けたという人が、ときどき出現します。すると、「自分にも才能があるの

レバレッジのしくみ

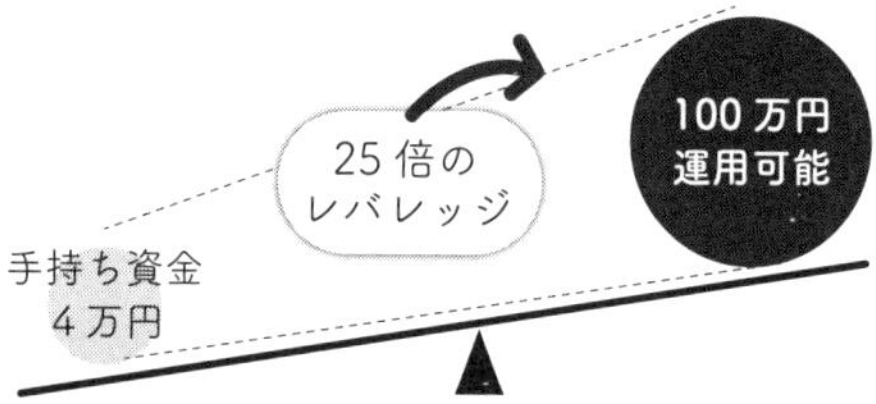

少ない資金で大きく運用できる仕組み

ではないか」と思って新たに参入する人が現れ、その大多数が散っていきます。昨晩までは３０００万円の残高があったのに、朝起きたら10万円になっていた……このようなことも起こる世界です。

世界の長者番付を見ても、株式投資家はいてもＦＸ長者は見かけません。このことも頭の片隅に置いておくと良いでしょう。つまり、**一部の強者以外にとっては、再現性が低い手法なのです**。そのため、私はお勧めをしていないのです。

ＦＸは、為替の差額で儲ける仕組みなので、基本的にはゼロサムゲームです。勝つ人がいれば、負ける人がいます。さらに、「通貨の価値は、基本的に下がり続ける」というのが原則でしたね。モノの値段は上がり続けますので、同じ金額で買える量は減っていきます。そういう意味では、マイナスサムゲームの要素が強いという見方もできます。一度や二度なら勝てることがあったとしても、勝ち続けるのは非常に難しい世界です。そのため、ゲームとして割り切り、無くなっても困らない範囲の資金で楽しむならば大ケガもしないので構いませんが、夢を託して大金をつぎ込むと、天国と地獄の差が激しくなります。（ゼロサムゲーム・マイナスサムゲームについてはP26参照）

さらに、FXにはもう1つの特殊事情があります。それは**「アフィリエイト」**です。インターネットを利用した広告宣伝手法のことで、広告を通じて商品の購入やサービスの契約が行われると、サイトの運営者が報酬を得られるようになっています。

サイト運営者が自身のサイトに設置したバナーを通じて、FXの口座開設やFXのツール・情報商材などを販売すると、それに応じて報酬が得られるということです。FX関連は、この報酬の単価が高いので、取り組む方も多いです。そのため、情報発信者が広告で儲けているのか、FXそのもので儲けているのかを見抜く目も必要になってきます。

アフィリエイトという仕組み自体は悪いものではありません。良いものを紹介したり、必要とされている情報をまとめた対価として広告料を受け取るのであれば、それ自体は価値の提供に対する対価と言えるでしょう。しかし、高額な報酬を得ることそのものが目的化していて、商材等に巧みに誘導をしていく事例もありますので、その点を見極めながら情報収集をする必要があるということは知っておきましょう。

Q. 不動産投資なら、節税しながら資産も増やせると聞いて興味を持っています。

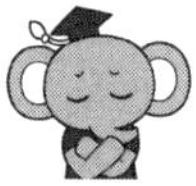

不動産投資をするなら、物件単体でしっかり収益が出るものを選ぶことが鉄則です。節税だけを目的にして始めるのはお勧めしません。

副業解禁の流れを受けて、不動産投資に興味を持つ方が増えてきているように思います。管理はすべて管理会社にお任せできるということで、いわば「不労所得」という印象をお持ちの方も多いようですね。特に、節税目的でワンルームマンション投資を勧められ、購入を考える方が多いようです。

不動産投資への新規参入は、現状ではなかなか難しくなっています。マーケットに出ている物件の価格が、全般的に高くなっているからです。

つまり、上手に値引き交渉をする、値付け間違いのものを即決で購入する、古い物件をリフォームして付加価値をアップする、不動産屋さんとの強力なコネクションを作るなど、**自分の得意な方法で「ひと工夫」することが必要**です。

さらに、ワンルームに限らず、区分マンション投資はなかなかレベルが高い投資です。戸建てや一棟ものと違い、「それなりの広さの土地」が残るわけではないからです。また、修繕積立金なども恣意的に抑えられているケースがあり、初心者さんが正確な利回りを出すのが難しいという性質もあります。

相場を知り、賃料の下落と空室率を想定しよう

例えば、都心からちょっと離れた場所で賃貸物件を検索してみると、家賃2万円台〜3万円台というアパートがゴロゴロしています。そういう場所で、RCや鉄骨の新築ワンルームを買ったとしても、当初の計画通りの家賃を長期的に取り続けるのは至難の業でしょう。

そもそも、想定家賃からして、周辺の相場と比較すると「盛っている」ケースもあります。なかなか無茶な家賃設定をしたうえで、利回りが出るように見せているケースも散見されま

すので利回りだけで判断しないようにする必要があります。
それ以外にも、退去者が出れば、次の入居者が決まるまでは家賃は入ってきませんが、こうした**「空室率」の想定**が極めて低いシミュレーションになっている事例も見受けられます。1室しか持っていなければ、退去されたら収益はゼロです。それでも月々の返済は続けなければなりません。

追い打ちをかけるように、新型コロナウイルスの感染拡大後は、特に都心部の賃貸需要が様変わりしました。コロナ前であれば簡単に入居者が決まっていたような、駅近・新築・築浅物件であっても、賃料が高かったり部屋が狭い物件であれば、入居者がなかなか決まらずに苦労することが増えています。こうした逆風の中でも、コンスタントに入居者を見つけることは、そんなに簡単なことではないのですね。

また、**ワンルームマンションは、将来的に売却がしづらい傾向があります**。新築の投資用ワンルームマンションの多くは、周辺の相場よりも高く販売されています。そのため、いざ売却をしようと思っても、周辺相場にあわせて金額を下げないと売れなくなり、結果として

売値だけでは残債を返済しきれないということも起こります。加えて、サブリース契約をしている場合には、解除が難しいのも知っておきたいところです。そして、時間が経過すれば、物件の価値も下がり続けますので、いつまでたっても売れないということになりがちなのです。

「節税効果」という売り文句に惑わされない

また、よく言われる「節税効果」ですが、これもきちんと考えなければならない側面があります。

ワンルームマンションが赤字経営になった場合には、会社員としての収入と損益通算をすることで、納める税金が下がるというメリットがあります。しかし、住民税が不自然に下がりますので、お勧め先

減価償却とは

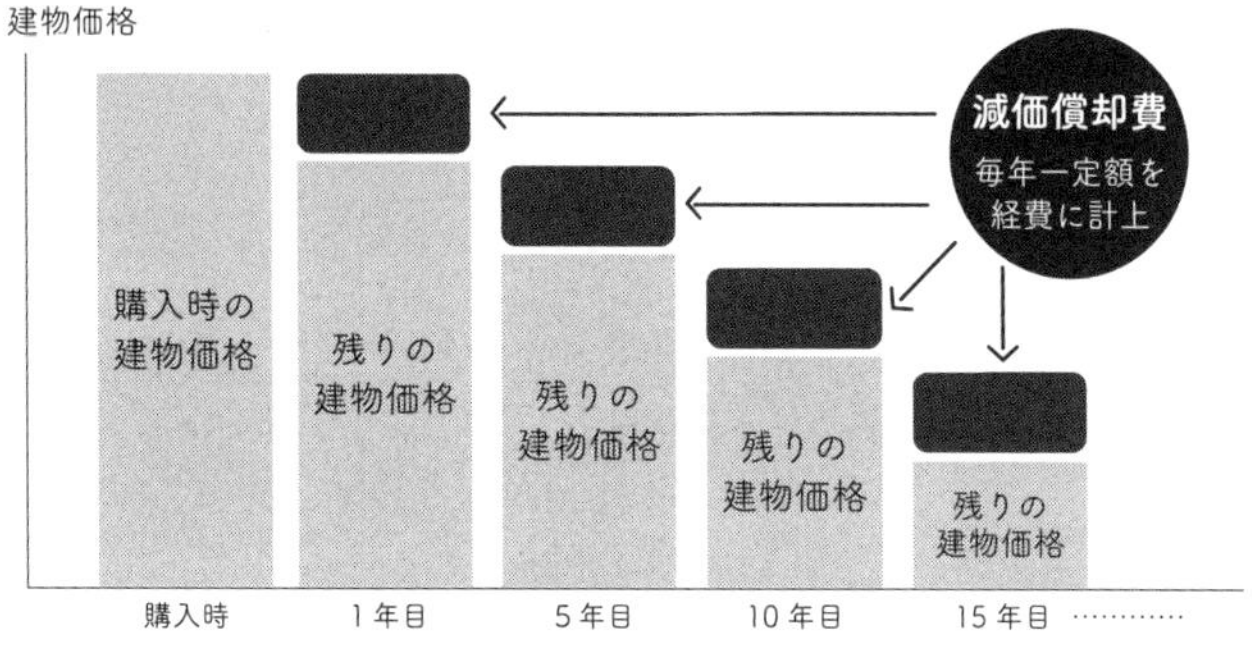

耐用年数が長ければ、
1年あたりの減価償却費は少なくなります

に副業（不動産投資）がバレる可能性が高まります。副業がNGの会社にお勤めの場合はもちろんですが、不動産投資をしていることを知られたくない場合も、注意が必要です。

不動産投資では、**減価償却**を利用することで所得に対する税負担が軽減される点が魅力の1つです。

しかし、鉄筋コンクリート造の新築ワンルームマンションの法定耐用年数は、47年あります。減価償却というものは、マンションなどの固定資産の購入費用を、使用可能な期間にわたって分割して経費化していく仕組みです。つまり、耐用年数が長ければ、毎年の減価償却額は少額になるという関係性があります。そのため、**単年で見ると、思ったほどの節税効果が期待でき**

ないということがありますので、これも注意が必要です。

もし、不動産投資を本当にやりたいとお考えなら、複数の経験者に聞いて、なおかつ不動産賃貸業にまつわる本も読み、知識を付けた上で取り組むのが良いです。

不動産投資は、投資というよりも「事業」に近いものです。事業の中では、比較的収入が読みやすいものになりますが、それでも一定の勉強が必要です。

特に最近は、不動産投資に参入するプレーヤーが増えてきました。競争相手が多い中で、しっかりと実績を残していく必要がありますので、難度も上がっているものと思っておきましょう。

Q 知人から海外投資（オフショア投資）に誘われました。やってみるべきですか？

日本では考えられないくらい利回りがいいものを紹介されることがありますが、法で守られた投資とは性質が違います。その特性をよく知り、自分でトラブルに対処できるかどうか判断しましょう。

以前ほどの過熱感はありませんが、オフショア投資は依然として人気がありますね。優れた商品が全くないわけではありませんが、詐欺的な案件が回ってくることも多いので、こうした話が来たときには、十分に注意をする必要があります。

オフショアとは、海外に業務委託を行うことを意味します。要は、**海外へ直接金融投資をして、資産運用をすること**です。保険などが一時期有名でした。

オフショア投資のしくみ

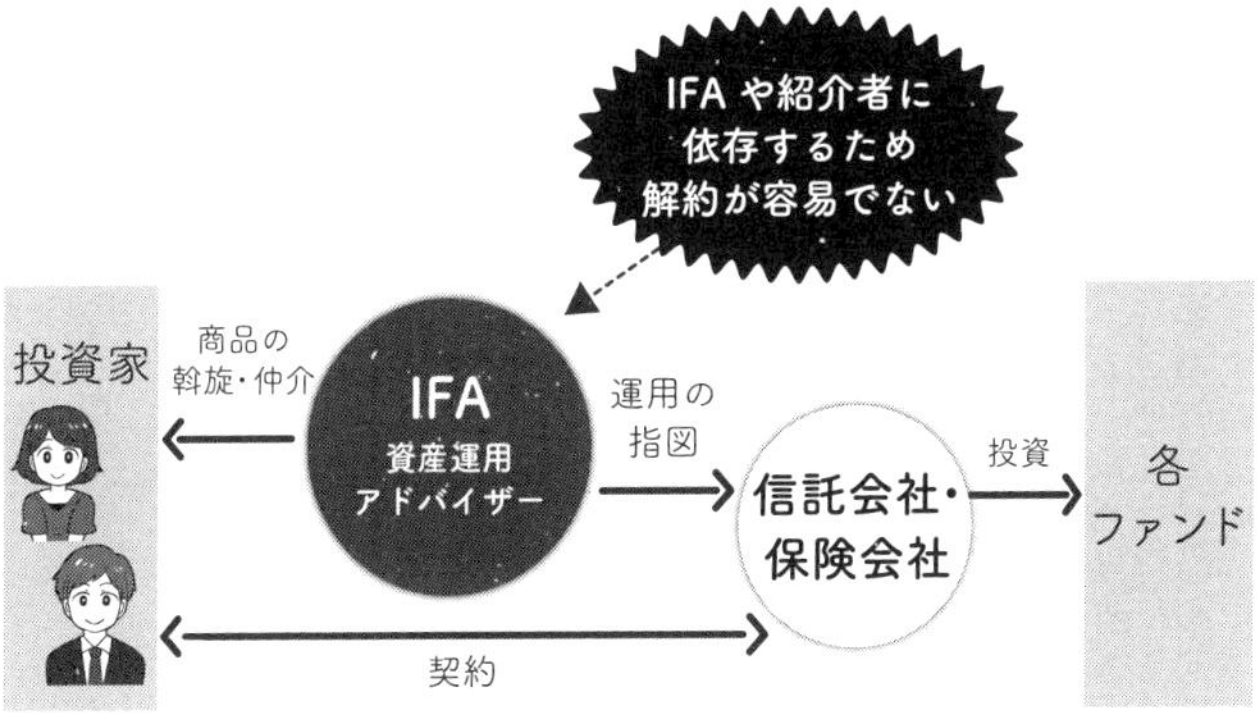

タックスヘイブンという言葉を聞いたことがあるでしょうか。主たる産業がないために、税金をゼロもしくは限りなく低くすることで、非居住者の投資マネーを集めて、それを産業にしている国や地域のことをいいます。このような地域に投資をすれば、税金が安い分、浮いたお金を投資に回せることから、効率の良い運用ができるという理屈です。

香港やシンガポールには、そういった商品の斡旋・仲介をするIFA（資産運用アドバイザー）がたくさんいます。IFAを通じて、日本人も相当数の方が海外投資商品を買っています。

私も過去に検討したことがあったのですが、次のような理由からやめました。

・現地金融機関関係者に話を聞くと、たいてい否定的

・IFAや紹介者の関係が不透明

・トラブルが発生した際の解決の道筋が見えない
・現地の政治的な情勢を無視できない

要は、これだけリスクが高いにもかかわらず、リターンが割にあわないという判断です。

通常、金融商品を不特定多数の投資家に販売する際は、金融庁に取り扱いを届け出る必要があります。もちろん、外国の金融業者が日本国内で日本の居住者に対して金融商品を販売する際にも、営業所等の登録が必要です。

こうした登録をきちんと行っていない業者の勧誘を受け、詐欺的な投資勧誘を受けてしまう事例は後を絶ちません。もし、何らかのトラブルがあった場合でも、自分で英語を話して、現地に足を運んで交渉ができたり、代わりのサポート業者を探し出すことができるのであれば、商品のことをよく理解したうえで、投資を検討しても良いのでしょう。

ですが、海外投資に興味を持つ方の多くは、次のような理由で安易に海外投資を始めてしまうケースが多いです。

・たまたま、知人から海外金融商品を取り扱っている人を紹介された
・海外投資の話を聞いて、なんとなく儲かりそうだと思った
・周りがみんなやっているから、やらないと損をしているような気がする

こうした海外投資は、ＩＦＡなどの紹介者に依存する構図になっているため、後悔しても簡単に解約できない点がデメリットです。私のブログには、「オフショア投資をやめたいけれど、なかなかやめられない」というお悩みがいくつも寄せられています。

他にも、ネットワークビジネスで権利収入が得られる、勧誘の報酬として暗号通貨がもらえる、未公開株を特別に販売するなど、さまざまな「案件」について相談を受ける機会はとても多いです。こうした「案件」には大体似た性質があります。「元本保証」「あなただけに特別に教える」「必ず儲かる」といった耳障りのよい言葉で、巧みに勧誘してくるのです。

厳しいようですが、**結局のところ、投資は自己責任**なのですね。誰かがお勧めしてくれたからということだけで取り組むのは、非常に危険です。**本やＷｅｂなどで得た情報を自分の頭で練り直して、自分のものにしていくというプロセスが大事です。**

そのため、本書では、ただ「答え」だけをお伝えすることは避けています。なぜそのように考えるのかというプロセスを示すことにより、今後新たな「案件」や「情報」が出てきたときに、みなさんが自分の頭で考えて冷静な判断ができるようになっていただきたいと願っているからです。

投資を始めたいと思ったのに、
外的要因で動けなくなる。
せっかく投資を始めたのに、
環境の変化で続けられなくなる。
やりたいことを実現しようとすると、
投資に回すお金がなくなる……。

人生は、山あり谷あり。

想定外のこと、予定通りにいかないことだらけです。

ここでは、ライフステージや置かれた環境に応じて、どのように投資に向き合えばよいのか、どのように投資を取り入れていけばいいのか、考えるヒントをお届けします。今は関係ないと思っている問いであっても、数年後には自分事になるかもしれません！

6章

ライフステージに応じた投資の考え方

Q. マイホームを買いたいけれど、貯蓄とローンの返済が両立できるか不安です。

持ち家も賃貸住宅も、それぞれにメリット・デメリットがあります。無理のない資金計画を立てつつ、他人の目線に惑わされずに考えましょう。

持ち家にしても、賃貸住宅にしても、基本的には収益を生み出すものではありません。その一方で、支出は非常に大きなものとなります。住宅選びで下手を踏むと、資産形成に大きな影響を与えるものと心得ておきましょう。

賃貸住宅の場合には、家計に見合わないと判断したら、転居してグレードを下げることも可能です。しかし、持ち家の場合には、そう簡単には行きません。

こうした実情を踏まえながら、貯蓄や投資も継続できるように、資金計画を立てながら住宅選びをしていくことが大事です。

持ち家と賃貸住宅──それぞれのメリット

【持ち家】①住まいのクオリティの向上　②住環境の安定感　③カスタマイズ性の高さ
【賃貸住宅】①固定資産税がかからない　②環境変化に合わせて転居しやすい　③修繕費が大家持ちになる

持ち家のメリットについては、私自身が当初は頑なな賃貸派でしたが、今は大手格安分譲の住宅を購入していますので、その経験を踏まえてお伝えします。

私の住まいは、相場からするとそれほど高いものではありませんが、それでも賃貸住宅とは作りの丁寧さや質が全然違うことを感じています。また、住まい選びには、ある意味「その街を買う」という側面もあります。子どもが通う小学校や中学校も、地区によって全く雰囲気が違います。ごみの出し方1つにしても、その地区のカラーが出るものです。十分に下調べをしたうえで住宅を購入すれば、価値観が共有できる環境で過ごすことができますので、住環境の安定につながります。

これらを踏まえると、持ち家のメリットは、「ＱＯＬ（クオリティ・オブ・ライフ）の向上」

と言い換えることができるでしょう。

一方で、賃貸住宅のメリットを見てみましょう。持ち家の場合は固定資産税がかかりますが、賃貸住宅であればそのような負担はありませんね。固定資産税は、一般的に土地よりも建物の方が多くかかります。また、軽減税率の適用を受けられるかによっても変わります。

私の場合は、軽減税率の適用を受けられるので、まだ10万円ちょっとで済んでいますが、今後軽減税率期間が終われば倍額近く上がります。実際に購入する場合には、固定資産税のおおよその目安について、事前に確認しておいた方が良いでしょう。

また、持ち家は簡単に手放せませんが、賃貸住宅ならいつでも転居ができます。部屋の広さを変えたくなったり、隣人トラブルに巻き込まれた場合も、すぐに動けます。さらに賃貸住宅の場合には、大家さんが修繕費を負担しますので、大きな追加負担はありません。持ち家の場合には、修繕やリフォームは当然ながら自己負担になりますので、自分で修繕費を積み立てるなど、計画的に準備する必要があります。

賃貸住宅のメリットは、「機動性の高さと支出の読みやすさ」とまとめることができるでしょう。

住宅購入時の資金計画

住宅を買いたいと心が決まったら、具体的な物件探しに入る前に、無理のない資金計画を立てることが大事です。

①借り入れ可能な金額の算出方法

フラット35のサイトには、年収から借り入れ可能な金額が計算できるコーナーがあります。試しに年収400万円で計算してみると、おおよそ3800万円程度になります。ただし、これはあくまでも「借りられる」金額です。実際の生活とのバランスを考えずに、借りられるだけ借りてしまうのは危険です。

②月々の返済額に基づく借入可能額の算出方法

次に、月々の返済額を決めたうえで、借りられる金額を計算してみましょう。

まず、持ち家・賃貸住宅に関わらず、無理のない住宅費の目安は、手取りの25%〜30%と言われています。そこで、例えば月5万円の返済、ボーナスで20万円(年2回)の返済でフラット35を利用すると仮定して、金融機関が用意しているシミュレーターを使って計算してみると、おおむね2600万円の借入ができるという結果になります。

③年収から見た無理のない借入可能額の算出方法

一般的に、住宅ローンは年収の5倍～6倍の借入が目安とされています。年収400万円の方であれば、2000万円～2400万円ですね。

一方で、「フラット35利用者調査」の全国平均を見ると、6倍～7倍になっているのも事実です。しかし、5倍を超えると生活が苦しくなってくるとも言われていますので、あまり水準を上げすぎないようにすることが大事です。

この①～③の3つのものさしを持ってから物件選びを始めると、予算面での軸がブレなくなります。ものさしを持たずに住宅を見に行くと、どんどん夢が膨らんでくるものです。その時に「○○万円まで借りられますよ」と言われてしまうと、実は苦しいレベルのローンなのに、躊躇なく契約してしまうことがありますので気を付けましょう。

夫婦共働きの場合には、ペアローンも視野に入ってきますね。ただし、ペアローンを組む場合には、育児休暇等で収入が減少する可能性なども織り込みながら、無理のない返済額を決めていきましょう。また、大変申し上げにくいのですが、ペアローンを組んでから万が一

住宅ローン控除の利用方法

〈利用条件〉 ① 返済期間10年以上のローンを組んで購入する

② 購入した家に住む　※他にも床面積や年間所得条件があります

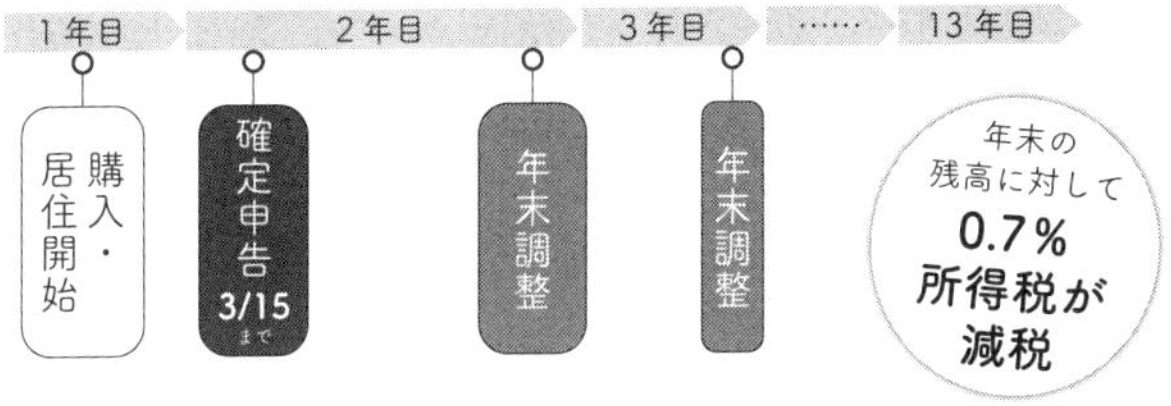

離婚をすると、非常に扱いが厄介になります。

なお、住宅ローンを組んだ場合には、「住宅ローン控除」の対象になることがあります。「住宅借入金等特別控除」の通称名なのですが、住宅ローンの返済期間が10年以上ある場合、年末時点の残高に対して、0・7%の所得税（注）が減税されます。この住宅ローン控除が受けられる場合には、必ず確定申告を行いましょう。一度確定申告を行えば、2年目以降は年末調整で手続きができるようになります。

年末残高に応じて減税されますので、控除が受けられる期間は繰り上げ返済を行わず、減税効果を最大限に享受するのが良いですね。そして、繰り上げ返済に回すつもりの資金は、しっかり貯蓄や投資に回しておきましょう。

（注）所得税から引ききれない場合は住民税から減税します。ただし、住民税から減税できる金額には上限があります。

Q. 子どもの教育資金を準備するなら、投資より学資保険が安心ですか？

資産を増やすという目的で使うのなら、学資保険はあまり意味のない選択肢です。ただし、手元に資金があると使ってしまう方や貯蓄が苦手な方なら一考の余地ありでしょう。

学資保険という商品は、売り手である保険会社から見ると、さほど大きな利幅がある商品ではありません。そのため、生命保険の派生商品としては、わりと良心的な部類に入ります。

ひと昔前は、貯蓄重視型の学資保険の返戻率が１２０％だった頃もありましたが、いまはせいぜい１０５％というところです。入園・入学のたびに祝金を受け取るタイプだと、さらに返戻率は下がります。

つまり、**増やすという観点で見ると、ほとんど増えない金融商品**だということになります。

一方で、手元に資金があると使ってしまう方や貯蓄が苦手な方、または、株式相場の変動リスクを避けたいという方にとっては、意味がある選択肢だといえます。学費が準備できずに、お子さまの将来を狭めてしまうということは、何が何でも避けたいですからね。

結論として、自分で運用商品が選べる、なおかつ運用上のリスクも取れるという投資に慣れている方であれば、学資保険に加入する必要性は薄いです。

大前提として、比較的近い未来に使う予定があるお金は、資産運用に回さないことが鉄則です。これは絶対に忘れてはいけませんね。

ただし、お子さまが大学に進学するまでに15年以上あるのなら、大学資金の準備に投資を活用するのも良いと思います。その理由は、**教育費の高騰**です。

日本は、先進国のなかでも比較的物価が低い国です。にもかかわらず、大学の学費はこの数十年にわたり上昇し続けています。国立大学の年間の授業料は1990年の時点では約34万円でした。それが2021年には約53万円になっています。なんと6割近い値上がりです。

一方で、会社員の平均的な給与は、バブル期だった1990年と比較すると、むしろ少なくなっています。つまり、家計における負担感は、相当に増してきているということです。

大学の授業料・入学料の推移

（出典：私立大学等の令和３年度入学者に係る学生納付金等調査結果について〈参考２〉）

	国立大学		公立大学		私立大学	
年度	授業料	入学料	授業料	入学料	授業料	入学料
1975	36,000	50,000	27,847	25,068	182,677	95,584
1978	144,000	60,000	110,691	90,909	286,568	157,019
1982	216,000	100,000	198,529	150,000	406,261	212,650
1987	300,000	150,000	290,400	230,514	517,395	245,263
1993	411,600	230,000	405,840	329,467	688,046	275,824
2003	520,800	282,000	517,920	397,327	807,413	283,306
2013	535,800	282,000	537,933	397,909	860,266	264,417
2021	535,800	282,000	536,363	391,305	930,943	245,951

そのため、お子さまが小さい場合には、実際に大学に行く頃には教育費の負担割合がさらに上がっているかもしれません。

保険の欠点は、利回りが低すぎてインフレリスクに弱いことです。そう考えると、運用期間を15年以上取ることができるのであれば、貯蓄＋投資で大学資金を準備していくという考え方には、妥当性が出てきます。

その場合は、使う時期が近づいてきたら、しっかりと利益確定をしてしまう、つまり現金化するということを強くお勧めしておきます。

お子さまが高校生になったところで、「目標額に達していたら、欲張らずに現金化する」ということを心がけておくと、安心して備えることができるでしょう。

「学資保険さえ活用しておけばよい」「投資さえやっておけばよい」というように、バチッと1つの答えが出るものではないのですね。逆に、**「これさえやれば、絶対安心！」というような売り文句で勧められた場合には、少し警戒した方がいいでしょう。**

ご自身の性格、家計状況、進学までの期間といった複数の条件を加味したうえで、最も適切な選択肢をとっていただきたいと思います。

Q. 医療保険や生命保険などの掛金の負担が重いけど、解約するのも不安です。

保険は必要最低限の「掛け捨て」型に絞りましょう。払込額を年間8万円以内にすることが1つの目安です。

保険の中身をしっかり理解して、適切に加入できている方はとても少ないです。特に生命保険に関しては、社会人になったときの流れや付き合いなどで加入したままになっていることが多く、見直したいという気持ちはありつつも、どうしたら良いか分からなくなりがちです。

そして、迷って保険の総合代理店などに行ってしまい、見直すつもりが外貨建て保険や変額保険に追加で入ってしまう……などという、負のループにはまってしまうことがありますね。

誰かに頼らず自分で考えられるようにするために、あえてシンプルに2つのポイントに絞って、見直し方をお伝えします。

①必ず、掛け捨ての保険を選択する。
②年間の払込額は、8万円以内を目安にする。

これならカンタンに見直しができそうですよね。保険の掛金を見直して適正化すると、投資に回すタネ銭を楽に増やすことができますので、一度しっかりと向き合ってみましょう。

「保障」と「運用」は切り分けて考えるのが正解

掛け捨ての保険とは、払い込んだ保険料が戻ってこないタイプのものです。一方で、貯蓄型の保険であれば、満期になったり途中で解約した時に、保険料の一部が戻ってきます。

これだけ聞くと、貯蓄型の保険の方がお得なように感じます。しかし、貯蓄型の保険とは、保障と運用を保険会社にお任せしているという意味合いなんですね。

運用の部分を保険会社に任せると、見えない手数料がたくさん差し引かれてしまいますので、戻ってくる金額は少なくなります。つまり、**運用の部分は切り分けて自分で行った方が、トータルコストが下がって手元に残る資産が増える**とお考えください。

掛け捨ての生命保険であれば、月額2000円程度の掛金で加入することができますので、そこまで家計の負担も増えません。

さらに、そもそも生命保険（死亡保険）に加入するかどうかは、自分が亡くなったときに、生活に困る家族がいるかどうかが判断ポイントとなります。決して、自分の命の値段と言うことではないのですね。そのため、一般的に単身の方の多くは加入自体が不要な場合が多いです。

医療保険も、掛け捨てなら月額2000円~2500円程度の掛金で加入することができます。なお、最近は病気になった場合にも入院が短期化する傾向にありますので、加入するなら通院保障もついているタイプのものを選んでおくのが良いでしょう。都道府県民共済なども検討されるといいですね。

年間の払込額の目安を持っておこう

生命保険料控除額の計算方法

所得税

年間の支払保険料等	控除額
20,000円以下	支払保険料等の全額
20,000円超　40,000円以下	支払保険料等 $\times \frac{1}{2}$ ＋10,000円
40,000円超　80,000円以下	支払保険料等 $\times \frac{1}{4}$ ＋20,000円
80,000円超	**一律40,000円**

住民税

年間の支払保険料等	控除額
12,000円以下	支払保険料等の全額
12,000円超　32,000円以下	支払保険料等 $\times \frac{1}{2}$ ＋6,000円
32,000円超　56,000円以下	支払保険料等 $\times \frac{1}{4}$ ＋14,000円
56,000円超	**一律28,000円**

年間の払込額は、8万円以内を目安にしましょう。月額にすると、6600円以内というところです。

その根拠は、生命保険料控除の上限額です。生命保険の掛金は、所得税・住民税の控除対象になっていますが、支払った掛金がまるまる控除されるわけではありません。金額に応じて計算方法があるのですが、年間の掛金が8万円を超えると、いくら支払っても、控除額は頭打ちになります。つまり、**8万円以上を支払っても節税効果の面から見ると払い損**ということ

生命保険料控除の種類

生命保険料控除の種類	保険の例
一般生命保険料控除	生命保険（死亡保険） 学資保険 収入保障保険
介護医療保険料控除	医療保険　がん保険 介護保障保険
個人年金保険料控除	個人年金保険

です。

節税効果だけで保険金額を決めていいのかと思われそうですが、掛け捨て保険の月額掛金を見ていただくと、目安として程よい金額設定となっているのが分かります。適切に掛け捨ての保険を選んでおけば、まず超えることはない絶妙なラインです。

ただし、学資保険を使う場合は、年間8万円のラインに収めるのは厳しいと思います。

生命保険料控除の仕組み

生命保険料控除は、3種類に分かれています。

医療保険と生命保険や学資保険は、カテゴリーが違います。それぞれで、年間8万円まであれば、節税効果の面では許容範囲となります。

なお、3種類のうち「個人年金保険」については、民間の保険に加入する必要はないでしょう。もし老後に備えたいのなら、iDeCoを活用すれば良いですね。

共働きと保険選び

最後に1つ補足をしておくと、夫婦共働きのときには、お互いに万が一のことがあった場合に備えておく必要があります。

しかし、なぜか妻が保険に入っていないというケースをよく見かけます。片方が他界したときに、残された方だけの収入では生活が成り立たない危険性がある場合には、お互いに足りない部分を補うための掛け捨て保険に入っておくのがよいでしょう。その際には、収入保障保険も検討してみるといいですね。

Q 育児をしながらの共働きが苦しくなってきました。でも1馬力にするのも不安です。

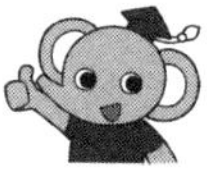

二馬力の方が世帯全体の手取りが増えますので、資産形成がはかどります。家事やお金の価値観を家族で擦り合わせながら、無理なく持続できる道を探ってみましょう。

毎日の食事の準備から掃除・洗濯まで、便利になった部分はあっても、まだまだ人の手が必要です。大家族で暮らしていた時代なら、誰かが常に家にいて家事や育児を分担してくれましたが、今はそうは行きません。

核家族というのは、精神的に自由な反面、慢性的な人手不足を実感する暮らしでもあります。そういう意味でも、「お金さえ稼いでくれれば、家では何もしなくてもよい」という生活スタイル自体が成り立たなくなっているといえるでしょう。

世帯ごとの平均所得（会社勤めの世帯）

（出典：厚生労働省　2021年国民生活基礎調査）

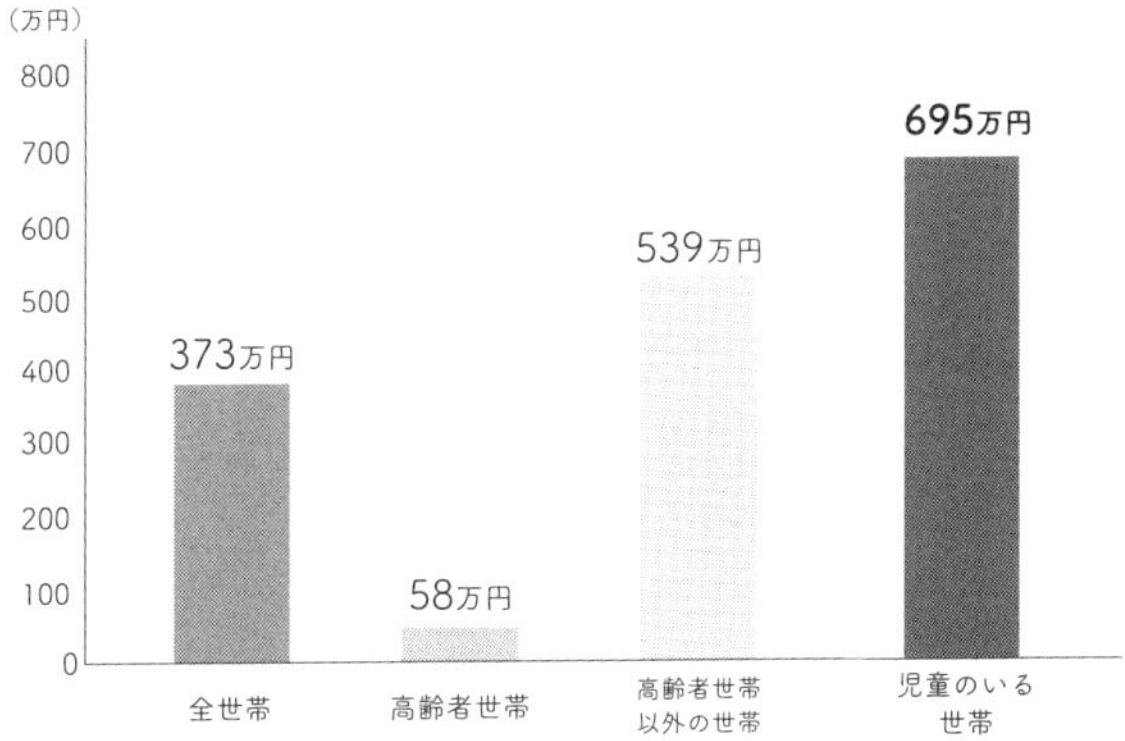

共働きの方が、実際に使えるお金が増える

そもそも、「お金さえ稼いでくれれば」という前提自体が、難しくなってきています。厚生労働省が毎年行っている「国民生活基礎調査」によると、児童がいる世帯の1世帯当たり平均所得金額は、約695万円（会社勤めの世帯の場合）となっています。徹底した節約術や、住む場所の工夫などで多少はカバーできるにしても、1馬力で子育てをするのは正直しんどいと感じるご家庭が多いのではないでしょうか。

こうした実態を踏まえると、共働きは当たり前と考えて、それが持続可能な状態を協力して作って行くことが、家族のあり方の主流になってきたといえるでしょう。

年収ごとの手取り率

※あくまでも概算です。

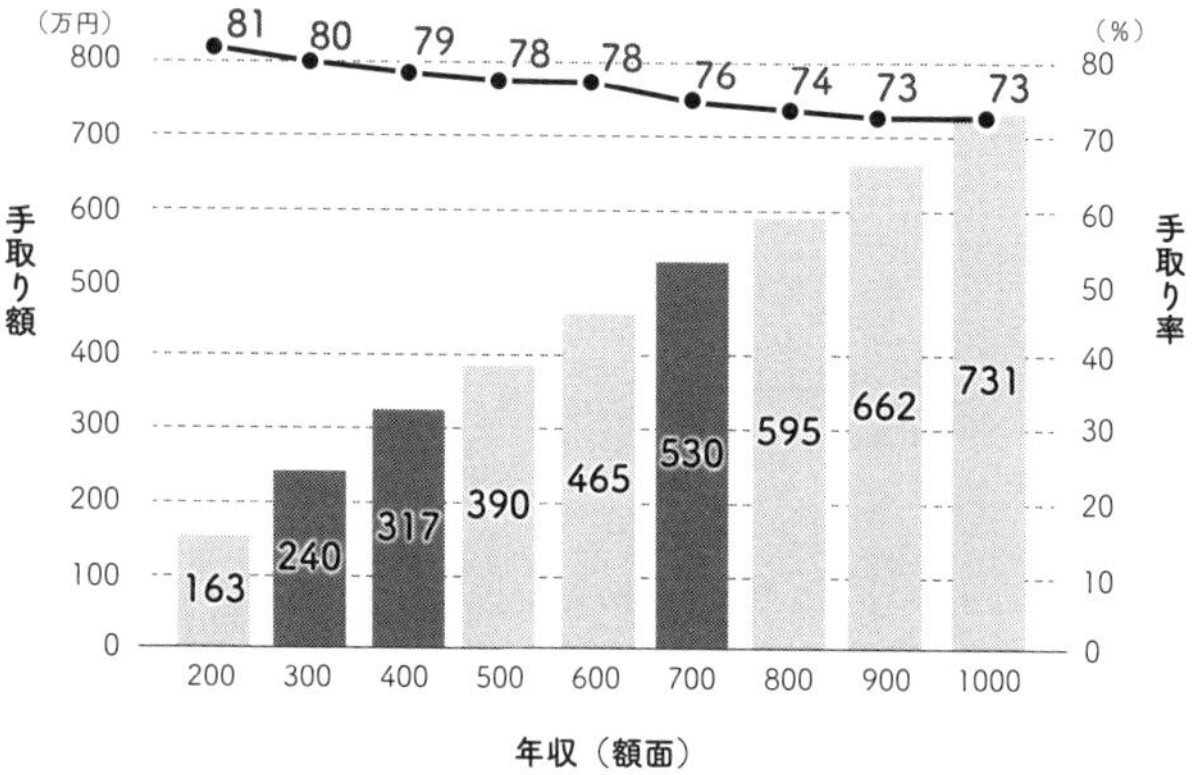

さらに、**世帯年収700万円を1人で稼ぐよりも、2人で分担して稼ぐ方が効率が良い**という側面があります。

上のグラフは、年収別の税金や社会保険料を差し引いた手取り額と、手取り率をあらわしたものです。

年収700万円の方の手取り額は、約530万円です。

しかし、年収400万円と年収300万円の共働きであれば、317万円+240万=557万円の手取り額になります。同じ世帯年収700万円でも、手元に残るお金は27万円ほど多くなります。

所得税は、累進課税といって、所得が大きくなればなるほど負担が増える仕組みになっています。１人が大きく稼ぐよりも、２人で協力して稼ぐ方が、世帯全体の手取りは大きくなるのです。

そうして**生まれた「余裕資金」を投資に回していくことで、お金が３番目の働き手になってくれる**のです。そのため、資産形成の観点からも、共働きをしながら投資をしていくというスタイルは、非常に合理的な仕組みだと言えます。

家族は「共同経営責任者」

もともとパートナーに勤労意欲がない場合はともかくとして、せっかくお互いに勤労意欲があったとしても、家庭を維持するための協力関係が成り立っていなければ、結果として負担を背負う方の勤労意欲は下がっていってしまいます。

２０１６年に放送されて社会現象になったドラマ『逃げるは恥だが役に立つ』。

その中で、家庭において夫婦とは、雇用主と従業員という関係性ではない。夫も妻も家庭を経営する「共同経営責任者」なのだということに気が付く場面がありましたが、覚えていらっしゃいますでしょうか？

「愛情があれば、システムは必要ない」

……なんていう簡単なことではないということで、お互いの関係性を再構築するための会議（話し合い）を始めたという展開がありました。あくまでもドラマの話ではありますが、このような考え方は、これからの時代を生き抜く上では大事なことだと思います。

無理なく協力関係を構築するために使える方法

家族の数だけ協力体制の形はありますが、比較的取り入れやすい方法をいくつかご紹介します。

①家事の内容をリストアップして、見える化する
②家事タスクを分解してみる
③完璧を求めない
④時短家電をうまく利用する

私が父子家庭だった時は、食事を作るのが得意ではありませんでした。そのため、本当に時間がないときは、「甘くない野菜ジュースと、サバ缶を乗せた鯖茶漬けを出して終わり」なんていう時短レシピで凌いでいましたね。

子どもたちからは、「私が作る料理が不味すぎる」と大変不評でしたが、今となっては笑い話になっています。これは極端な例かもしれませんが、「無理をせず、持続可能な範囲でやっていく」という割り切りは大事です。

ぜひ、ご家族でしっかり話し合いをしながら、家庭という共同体をより良いものにしていっていただきたいと思います。

Q. 親の介護が始まってしまいました。投資資金を取り崩すべきでしょうか？

親の介護費用は、原則「親のお金」を使いましょう。さらに、公的制度もフル活用して、ご自身の資産形成はなるべく続けていきましょう。

仕事、育児、介護――これらを同時にこなすことは、非常に大変です。

通常だと、3つすべてが同時に来ることは無いのでしょうが、病気やケガで配偶者が健康を害した場合や、親との年齢が離れている場合などは、同時に重なってしまうことも起こり得ます。

私は30代の頃、2人の子どもを抱えた父子家庭を切り盛りしていました。前妻は3年に及ぶ介護の末、逝去しました。片親家庭は代わりがいないので、自分ですべてをこなし続けなければなりません。当時は「夫婦での支え合い」「祖父母などの親族の助け合い」というものは、実にありがたいものだと実感したものです。

前妻の介護に入ったときは、下の子どもがまだ1歳でしたので、まさに仕事・育児・介護が同時に展開していました。もともとスパッと定時で上がる仕事術を身に着けていたのは、不幸中の幸いでした。そうでなければ、たちまち生活が破たんしていたことでしょう。

私の場合、こうしたどうしようもない日常の中でも、投資を続けていたことは心の支えになりました。

「もし、ワンオペ状態の私に何かあったとしても、しばらくは投資のお金で生きていける」

こういう**心のリスクヘッジ**がされていたからです。

また、子どもの成長が目に見えたのも救いでした。「去年より今年、今年より来年」という思いで、日々保育園の送迎をしていましたね。長男が成長して、家事を手伝ってくれるようになったのもありがたかったです。彼は息子であると同時に、つらい時期をともに乗り越えた戦友でもあると思っています。次男も小さい頃から洗濯などの身の回りのことはやっていたので、実にたくましく育ってくれています。

このように、生きていると自分の力ではどうしようもないことが起こることがあります。

渦中にいるときは、その闇が永遠に続くのではないかと感じるかもしれません。しかし、当時の経験から1つ言えることがあります。それは「凌ぐ」ことの大切さです。

あきらめずに、今を凌ぐ。そして、適当にやり過ごす。

S&P500などの「良い指数」に積立投資を続けて、ほったらかしておく。このような投資を無理のない範囲で続けておくことで、お金という心配事を減らせる可能性があるのです。

公的支援を受けるための「窓口」を知っておく

もし親の介護が始まってしまっても、投資に回している資金を慌てて取り崩すのではなく、介護費用は親のお金を使ってまかないつつ、公的な支援を探ってみられるといいですね。65歳以上の高齢者の介護を担っている場合には、地域包括支援センターに相談してみてください。必要なサービスや制度を紹介してくれますし、相談料もかかりません。

ただし、介護を受ける方が住んでいる場所の地域包括支援センターに相談することとなりますので、離れて暮らす親の困りごとについて相談するときにはお気を付けください。

また、介護と子育てが重なったことに伴って、お子さまの教育資金に関して不安があるのなら、行政の就学上の支援や、学費の免除制度について調べると良いでしょう。

高校に関しては、高等学校等就学支援金をはじめとして、授業料の補助が広範にわたっていますので、想定しているほどお金がかからない可能性があります。

大学に関しては、奨学金の活用も視野に入れると少し楽になりますね。大学独自の給付奨学金や、日本学生支援機構（ＪＡＳＳＯ）などの貸与型奨学金もあります。こうした奨学金をもらったり借りたりしておいて、人生設計をお子さんと話し合っていくのも1つです。

自身が奨学金を借りて大学に行くことになれば、お子さんの目的意識も醸成されるかもしれません。そうすれば、無目的でなんとなく進学するよりも、大学進学のための資金が生きたお金になることでしょう。

そして、いきなり「退職」などの大きな決断をすることは避け、介護休暇を申請するなどして、まずは凌ぎつつ、時間をかけて結論を出していくのが良いでしょう。

Q. 投資をしたいのに家族の反対にあって始められません。

焦りは禁物です。スモールスタートで実績を積めば、家族の理解が得られるようになるでしょう。

投資を始めようと思った時に、大きなネックになるのが「家族の反対」にあうことです。投資の世界では、「配偶者ブロック」という話をよく聞きます。株式投資や不動産投資などを始めようとすると、配偶者の反対にあって動けなくなってしまうことをこのように表現しています。「嫁ブロック」「夫ブロック」という言い方をすることもありますが、「夫ブロック」は例としては少ないですね。

「投資をしている人」は未だマイノリティだという現実

投資に対する世の中の温度感

出典：日本証券業協会『2021 年度（令和 3 年）証券投資に関する全国調査（個人調査）』

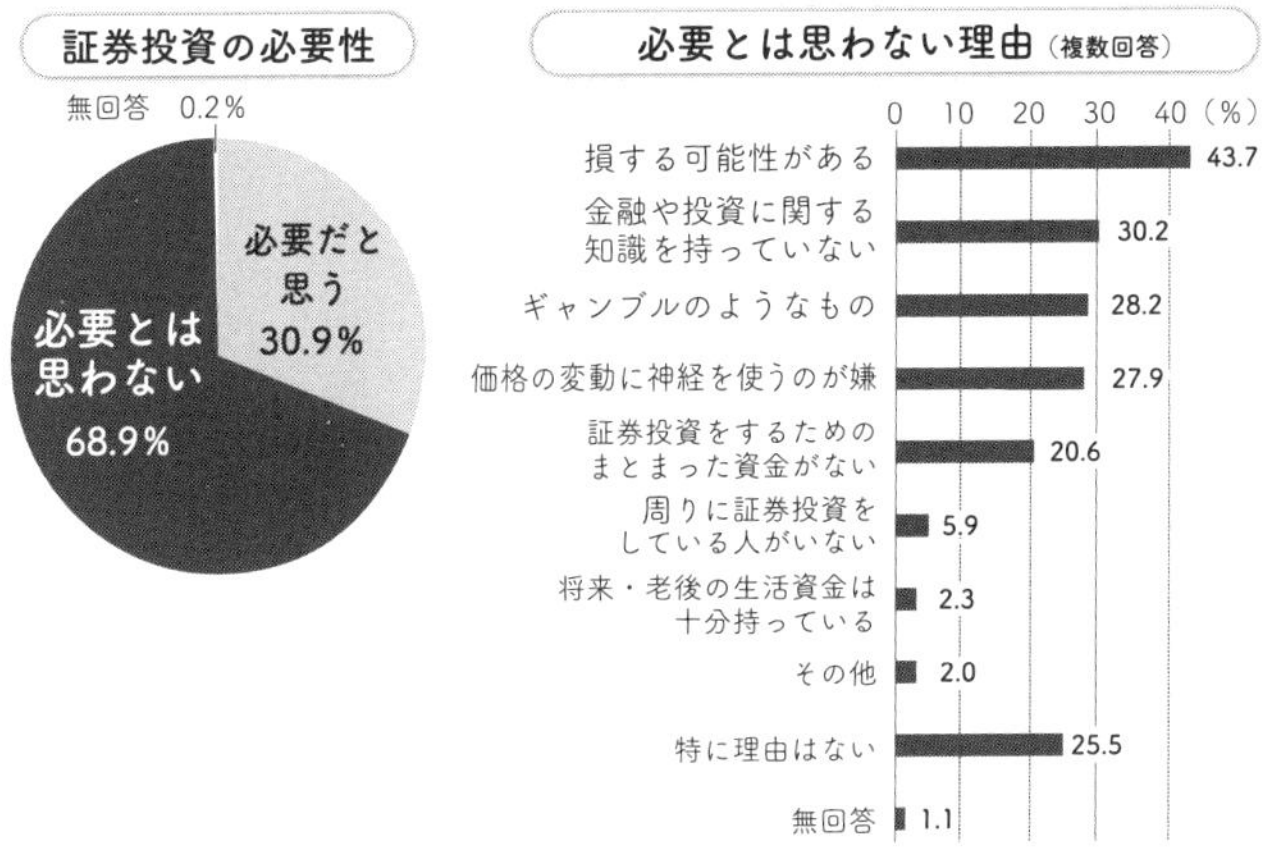

そもそも、「家族全員が投資に前向き」というご家庭は非常に少ないのが実情です。それは、日本においては、投資をする人自体が極めてマイノリティだからです。

日本証券業協会が行った「2021年度証券投資に関する全国調査（個人調査）」によると、証券投資が必要だと思っている方は、わずか3分の1だということが分かります。

さらに、必要だとは思わないという理由を見ると、過去に投資を経験して「不要だ」と判断したのではなく、単に投資経験がなかったり、知識不足から投資をギャンブルのようなものだと考えているからという印象が強いです。簡単に言えば、「食わず嫌い」の状態にある方が多いのだということです。

小さく始めて具体的な実績を見せてみよう

「食わず嫌い」の状況のときに、反対を押し切って強引に投資を始めてしまうと、家庭不和の原因となりますので注意が必要です。こうした状態を脱するためには、スモールスタートで構いませんので、実績を作ることから始めるのがお勧めです。**ご自身のお小遣いの範囲であったり、自由にできるお金の一部からスタートして、その結果をシェアしていく**のです。

投資信託であれば、少額からでも投資ができます。例えば、お小遣いから月5000円を1年間投資してみて、実際にどのようになったのか、投資をしていなかった場合と比較してみてもらうといった具合です。お小遣いから捻出するのが厳しければ、貯まったポイントを運用して増やす「ポイント運用」による疑似体験でもいいでしょう。

まずは、具体的な数字で「実績」を見せることができれば、少しずつご家族の目線も変わっていくことと思います。

第三者の声に触れる機会を作ってみる

また、家族以外の力を借りるのも効果的です。本人から直接言われるよりも、第三者から言われた方が、信ぴょう性や信頼が高まるという心理効果があります（ウィンザー効果）。

私は、投資家仲間で集まって食事会やキャンプをする機会がよくあるのですが、みなさん実に楽しそうに投資の話をしています。投資をしたことがない方にとっては、「投資そのものを楽しんでいる」という風景自体が、なかなか想像しにくいことかもしれません。楽しみながら投資をしている方々が男女問わず集まるような場に一緒に参加したり、実際に投資をしている方の話を聞く機会を上手に作ることができれば、直接説得するよりも「投資」へのハードルが下がることでしょう。

実績を見せたり、身近な人の話を聞く機会を作ったりして、少し興味が湧いてきたところで、ぜひ本書をご家族にも読んでもらってください。難しい用語などはかみ砕きつつ、豊富な図解でまとめていますので、「専門用語だらけで難しい」と感じることなく、さらさらと読み進められるのではないかと思います。

そして、なかなか投資に踏み出すことができない間は、少しずつ貯蓄を続けておき、今後の投資のタネ銭を作っておきましょう。そうすれば、いざ投資が始められる段階になったときに、投資をすることができる商品の選択の幅が広がりますよ。

Q. FIREを目指しています。どのような準備をしたらいいでしょうか？

FIREを達成した後に何をしたいのか、まずは具体的に「なりたい姿」を思い描くことから始めましょう。それを実現するために具体的なシミュレーションをしてみるといいですよ。

「FIREを目指して、投資をしています」

このような話を聞いたり、ご相談を受ける機会が多くなりました。

FIREとは、Financial Independence, Retire Early の頭文字を取った言葉です。

・投資の収益を得たり生活費を上手に抑えることで、経済的に自立して生きていく（＝FI）

・お金のために時間を費やし、会社（仕事）に縛られる生活を送らなくて済むようにする（＝RE）

この2つの要素が組み合わされている言葉だということに着目してください。

経済的自立（FI）を目指したいという点については共通理解なのですが、早期退職（RE）については、人によって考え方や感じ方が分かれるように思います。

経済的に自立したいのか、雇われの身から脱出したいのか？

よくよくお話を伺うと、会社が嫌だからFIREしたいという人は少なくありません。その理由は、「仕事そのものがつまらない」「職場の人がつまらない」「通勤が苦手」というものが多いです。

人には、向き不向きがあります。机上の事務仕事が得意な人、接客が得意な人、手先が器用な人、いろいろです。しかし、実際の仕事とやりたいことや、自分の得意なことが合っているというのは、とても恵まれた状況だと思います。

また、職場にいる人々がつまらないというケースもよく聞きます。職場というのは、ある意味では同質化した人の集まりです。同じような経歴、同じような職歴になりがちだからです。

そのため、似ている者同士の居心地の良さもありながら、つまらないと感じる場面もあることでしょう。個性的かつ魅力的な人が集い、なおかつ人にやさしく居心地の良い職場——そんな職場は、残念ながらほとんどありません。

嫌でたまらない時間をなるべく減らし、有限な時間を有意義に過ごしたい。それは誰もが切望することです。そして、好きに寄り添った、やりがいに寄り添った人生にしたいと考えることでしょう。これらを一気に解決するのが、独立・起業です。しかし、好きをお金にするのは難しいですし、なにより競争がありますので成功させるのは難しいです。こちらも向き・不向きがあるのが実情です。

複数の収入源を組み合わせると力になる

そういう意味でも、完全に仕事を辞めてしまうというよりも、好きなことを含む複数のことを「仕事」にしながら、トータルで生活していける状態を目指すことの方が、現実的で楽しいのかもしれませんね。

例えば、株の収入が年間200万円ある。不動産の収入が年間200万円ある。副業の収入が年間200万円ある。本業の収入が400万円ある。これらは、1つ1つを見れば決して「一流」ではないのでしょう。ですが、組み合わせると1000万円を超えています。このように、小さな収入源の積み重ねで大きな力を生み出すという考え方です。

私は一般的にはFIREを達成した人ということになりますが、会社は辞めても仕事は続けています。むしろ、会社にいたときよりも忙しいくらいです。これは、自分で考え、自分で行動することが増えたからです。ただしストレスはほとんどありません。自分で決めたこと「だけ」をしているため、忙しくしながらも心が穏やかに過ごせています。

やりがいのある「仕事」を持ち続ける幸せもある

私の周りにいるFIREをした人たちを見ていても、多くは何らかの「仕事」をされています。不動産賃貸業であったり、農業であったり、やっていることはさまざまですが、やりたい仕事を続けているという方が多いですね。一方、完全に仕事を辞めて、悠々自適な暮らしを始めても、すぐに退屈してしまって何らかの「仕事」を始める方が多いです。

そういう意味でも、FIREの準備の1つとして、FIRE後にやりたいことを見つけておき、それを形にできるようにしておくことは大切なことだと思います。

FIREを実現するための資産運用

金銭的な面での準備としては、よく言われるのが**4%ルール**です。

用意した資産を年率4%で運用し、増えた年4%分のみを取り崩して生活していくのであれば、資産が底をつくことはないから安心して暮らしていけるという考え方ですね。

4%ルールから逆算すると、元本として年間生活費の25倍の資金が必要ということになります。年間の生活費が200万円であれば、5000万円の運用資産が必要です。

ただし、FIREは米国発の概念ですので、この4%という数値は、米国民がドルベースで考える前提で出てきたものだということは頭に入れておきましょう。

さらに、実際は毎年4%で安定的に運用が続けられるわけではありません。その変動幅も織り込みながら、無理がないと判断できるラインを探っていく必要があります。持ち家なのか、賃貸住宅なのか、住宅ローンの残債はどうか、今後大きな支出が予定されているのかなど、置かれた状況によって準備すべき資産額は変わってきます。

FIREを目指すうえでの事前準備

まずは資金計画です。Webサイトに「逃げ切り計算機」というツールがあります。これを使って複数のパターンを想定し、計画を立てていくのが良いでしょう。その際には、少し厳しめのシミュレーションもしておくことをお勧めします。

FIREを目指すためのマインドマップ作り

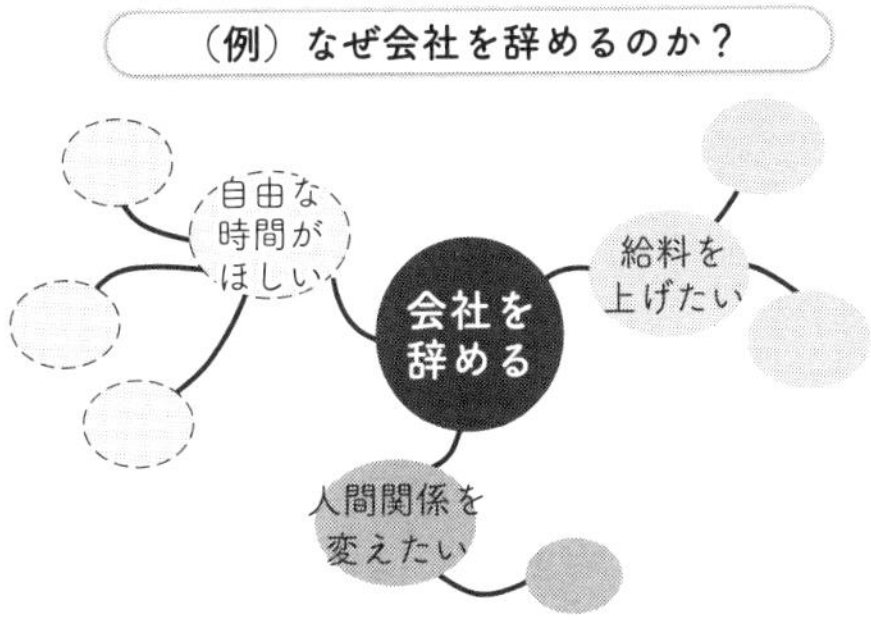

もう1つ、私がFIREを決断する前にした準備は、1年間かけてマインドマップを作成するというものでした。自分が「なぜ会社を辞めるのか」を可視化したのです。

マインドマップを作った理由は、辞める決意が揺るがないようにするためと、後悔しないためです。

作成自体は、それほど難しいことではありません。時間をかけて書き出していくこと、書き出したものを見直して修正を加えていくことで、本当に自分がやりたいことや大切にしたいことに向き合えるようになります。

適当な紙に書き出していくのでも十分ですが、マインドマップをカンタンに作ることができるツールもありますので、活用してみるといいでしょう。

おわりに

誰でもできる、再現性のある投資法――
それこそが、「あなたにぴったりな投資の正解」です。

本書に書かれている投資法は、特別な能力がなくても、「正しい型」を知っていれば、誰でも行うことができるものばかりです。

収支の把握や節約、税制度など、日常生活にまつわるありとあらゆるお金の話や、ちょっとした人生論などにも話がおよびましたので、意外と「投資」というものは身近なものだということを感じていただけたのではないでしょうか。

さて、これまで、さまざまな角度から「お金を増やす方法」と「お金を減らさない方法」について語ってきましたが、最後に本当の意味で「正解」となる投資を続けていくうえで、最も重要なことをお伝えしたいと思います。

それは、**お金の魔力に取りつかれすぎずに、上手に使っていくことの大切さ**です。

お金には、ある種の「魔力」があります。投資を始めて、資産形成が進んでいくと、「せっかく増えたお金を失いたくない」という気持ちが芽生えてくるものです。

そして、気づかぬうちに、お金を増やすことそのものが目的のようになってしまうということが、往々にしてあるのです。
・口座からお金が減るのがイヤだから、好きな旅行にも一切行かない
・本当に必要なモノであっても、一切買わない
このような極端な思考にはまってしまい、「お金を使わないこと」や「通帳や証券口座の残高を増やすこと」が最優先事項になってしまう方も、一定数いらっしゃるのですね。

お金の魔力に取りつかれないためにも、改めて「お金をたくさん持っていることで、どのようなことが得られるのか」ということについて、振り返っておきたいと思います。

思いつくものを並べていくと、
・老後の生活の心配がなくなる

・辞めたくなったら、仕事を自由に辞められる
・急なリストラや病気で仕事ができなくなっても、生活に困ることがない
・好きなことや趣味のために、時間やお金をかけられる
・気の合う仲間とだけ付き合っていくことができる

などが挙げられます。

これらを一言でまとめると、「自分や家族のために自由に使える時間が増える」ということに尽きるのだと思います。自分の時間や自由を取り戻すため、自分が本当にやりたいことをするために、資産を増やしていくということですね。

私は、お金は有効期限付きの「幸せ引換券」なのだと思っています。

ただし、上手に引き換えられるかどうかは、自分次第です。ロレックスの腕時計を持つことが、自分の幸せにつながるのであれば意味がありますが、単なる見栄のために持つのであれば、幸せ引換券としての使い方はできていないということになりますね。

その分のお金で、気の合う仲間と幾度となくレモンサワーを飲み交わす方が、得られる

幸せは1000倍以上になるのかもしれません。

また、物事には、「今しかできないこと」というものも一定数存在します。がむしゃらに働いて、通帳の残高を増やしても、いざ使おうとしたら余生が少なくなっていた……ということは避けたいですね。お金に上手に向き合いつつも、数字に縛られない生き方を大切にしていきたいですし、私と関わった皆様もそのように過ごしていただきたいと願っています。

あなた自身にとっての幸せを決められるのは、あなたしかいません。

どのような幸せを得るために、お金を増やし、お金を使っていくのか。本書を通して、ご自身の想いに正直に向き合いながら、資産形成を進めていくきっかけが作れたようであれば、これ以上に嬉しいことはありません。

人生二度なし、共にがんばりましょう！

2023年5月　たぱぞう

【著者略歴】

たぱぞう
月間100万PV超の投資ブログ「たぱぞうの米国株投資」の管理人。

登録者数約22万人のYouTubeチャンネル「たぱぞう投資大学」を運営。

2000年からなけなしの初任給で日本株を買い始めたのが投資歴の始まり。リーマンショックなどを経つつも辛うじて退場を免れる。為替が1ドル80円を切ったことから、米ドルに投資資金を切り替え、米国株投資を同時に開始。2016年から「誰もができる投資術の提案」をモットーとし、ブログをスタート。投資顧問会社にてアドバイザーをしているほか、セミナーなどを通じて米国株投資を広めている。現在は独立し、資産管理会社を経営。

著書に『お金が増える 米国株超楽ちん投資術』『経済的自由をこの手に！ 米国株で始める100万円からのセミリタイア投資術』『僕が子どもに教えている1億円のつくり方』(KADOKAWA)、『目指せ！ 資産1億円！ 図解でよくわかる たぱぞう式米国株投資』『最速で資産1億円！ たぱぞう式 米国個別株投資』（きずな出版）などがある。
・ブログ「たぱぞうの米国株投資」https://www.americakabu.com/
・Youtube「たぱぞう投資大学」
・「たぱぞう投資大学メルマガ」https://www.mag2.com/m/0001695651
・Twitter（@tapazou29）

【執筆協力】大空みさき

【イラスト・漫画】こげのまさき

年収400万円の私にできる
投資の正解を教えてください！

2023年6月21日　第一刷

著　者　たぱぞう

発行人　山田有司

発行所　株式会社彩図社
東京都豊島区南大塚3-24-4
ＭＴビル〒170-0005
TEL：03-5985-8213　FAX：03-5985-8224

印刷所　シナノ印刷株式会社

URL：https://www.saiz.co.jp
https://twitter.com/saiz_sha

ISBN978-4-8013-0662-2 C0030